CASAMENTO a três

Publicações
Pão Diário

CASAMENTO A três

UMA ALIANÇA COM DEUS

Dos editores do *Pão Diário*

CASAMENTO A TRÊS:
Uma aliança com Deus
© 2015 Ministérios Pão Diário.
Todos os direitos reservados.

Coordenação editorial: Dayse Fontoura
Edição e Revisão: Dayse Fontoura, Lozane Winter, Thaís Soler
Tradução: Astrid Rodrigues, Cláudio F. Chagas, Sandra Pina, Irene Giglio
Projeto gráfico e capa: Audrey Novac Ribeiro

Dados Internacionais de Catalogação na Publicação (CIP)

Ministérios Pão Diário
Casamento a três: Uma aliança com Deus.
David Egner, Gary Inrig, Kurt DeHaan, Tim Jackson, William E. Crowder
Tradução: Astrid Rodrigues, Cláudio F. Chagas, Sandra Pina, Irene Giglio
Curitiba/PR, Publicações Pão Diário

1. Casamento;   2. Fé;   3. Vida cristã;   4. Relacionamento

Proibida a reprodução total ou parcial, sem prévia autorização, por escrito, da editora.

Todos os direitos reservados e protegidos pela Lei 9.610, de 19/02/1998.

Exceto quando indicado no texto, os trechos bíblicos mencionados são da edição Revista e Atualizada de João Ferreira de Almeida © 2009 Sociedade Bíblica do Brasil.

Publicações Pão Diário
Caixa Postal 4190,
82501-970 Curitiba/PR, Brasil
publicacoes@paodiario.org
www.publicacoespaodiario.com.br
Telefone: (41) 3257-4028

Código: GJ621AB
ISBN: 978-1-68043-648-8

1.ª edição: 2008
2.ª edição revista e ampliada: 2015 • 3.ª impressão: 2018

Impresso no Brasil

SUMÁRIO

Prefácio 7

1. Como posso saber com quem casar? 9

2. As quatro fases do casamento 37

3. Alicerces bíblicos para um casamento sólido 63

4. O que é o amor verdadeiro? 93

5. Assumindo o risco do perdão 123

6. E quando a infidelidade acontece? 143

7. Reacendendo a intimidade em seu casamento 171

Conclusão 200

PREFÁCIO

O CASAMENTO SEMPRE TEVE lugar importante nas Escrituras. É interessante notar que não é o governo ou a igreja, mas o casamento, que se constitui como a primeira instituição humana descrita na Bíblia e ordenada por Deus. No Antigo Testamento, o próprio Deus realizou a primeira cerimônia de casamento (GÊNESIS 2); e no Novo Testamento, Jesus Cristo abençoou as bodas em Caná com Sua presença e Seu primeiro milagre descrito nos evangelhos (João 2).

O apóstolo Paulo deu várias instruções sobre como construir relacionamentos conjugais saudáveis (EFÉSIOS 5; COLOSSENSES 3), e o apóstolo Pedro aconselhou maridos e esposas (1 PEDRO 3). As páginas da Bíblia estão cheias de sabedoria sobre este assunto — às vezes na forma de instrução, outras como alertas.

Por que a Bíblia dá tanta importância ao casamento? Talvez porque haja poucos relacionamentos humanos que tenham mais demandas do que esse — e ainda assim ele apresenta a oportunidade para um grau de intimidade que permanece desconhecido dentre todos os demais esforços humanos. O casamento pode demonstrar ao mundo um retrato do relacionamento entre Cristo e a Igreja (EFÉSIOS 5). Ele nos convoca à dedicação, ao autossacrifício e nos permite experimentar o tipo mais profundo de amor.

Por estas e muitas outras razões, buscamos capturar alguns ensinamentos bíblicos a respeito do assunto e apresentá-los de forma que, esperamos, lhe traga ajuda. À medida que ler e ponderar sobre os ensinamentos encontrados nas páginas deste livro (coletânea dos livretos da série *Descobrindo a Palavra*), desejamos que você encontre maior apreciação pela sabedoria do Livro de Deus e que esta o auxilie a tornar o seu relacionamento conjugal mais forte do que jamais foi.

Bill Crowder
Vice-presidente de conteúdo e professor de Bíblia

Capítulo 1

COMO POSSO SABER COM QUEM CASAR?

UM PAR PERFEITO

Casamenteira
Eu quero casar
Ache o meu par,
Me ajude a encontrar
No seu livrinho procure pra mim
Meu par perfeito enfim.
—do musical *Um Violinista no Telhado*
(tradução livre)

NINGUÉM GOSTA DE SER FORÇADO num relacionamento. Ter "encontros" marcados pelos outros, ou ser continuamente investigado pelos sinceros, mas abusivos amigos e membros da família, pode ser no mínimo perturbador. Embora a pessoa queira casar um dia, a frequentemente complicada dinâmica de encontrar a pessoa certa pode ser mais incômoda, do que algo que valha a pena. Adicione a isto, o risco de se cometer um erro que será para a vida toda, o processo de tomar uma decisão pode ser paralisante.

Em muitas partes do mundo, uma pessoa solteira não tem escolha sobre com quem casar. Os casamentos são arranjados pela família (geralmente pelo pai), e as noivas são tratadas como se fossem propriedade familiar.

O musical *Um Violinista no Telhado* apresenta três meninas judias que estavam com medo de ser esposas relutantes, em casamentos arranjados, de homens em Anatevka, um pequeno vilarejo russo. Elas cantavam para que a Casamenteira lhes encontrasse um "par perfeito", porém mais adiante na mesma música elas pediam que a Casamenteira, por favor, não tivesse pressa. No desenrolar da história, tentam persuadir o pai, Tevye, a mudar de atitude em relação à escolha para o casamento. Embora a Casamenteira fosse ainda muito ativa em Anatevka, e os pais tivessem um grande poder nas famílias em geral, as filhas de Tevye conseguiram convencê-lo a lhes dar permissão para se casarem com rapazes que elas amavam — exceto por uma filha que insistia em casar com um jovem que não tinha a mesma fé da família.

A complicada dinâmica de encontrar
a pessoa certa pode parecer mais incômoda,
do que algo que valha a pena.

As atitudes em relação ao casamento continuam a mudar. Em culturas contemporâneas e urbanas, em que os clãs familiares não são as principais forças (e os pais não dominam como reis), o processo de seleção da noiva e do noivo mudou para a preferência individual dos solteiros envolvidos, ainda que desejem ter a aprovação da família. Mas isto não quer dizer que a pessoa solteira sempre tome as melhores decisões.

Os jovens solteiros, divorciados e viúvos mais velhos, são todos capazes de casar pelas razões erradas. Um rapaz ou uma moça podem entrar num casamento baseados somente em sentimentos românticos — ou em coisas que não são primordiais. Uma pessoa divorciada pode casar sem ter aprendido com seus erros do passado, e unir-se com o tipo de pessoa errada pelas razões equivocadas. Um viúvo ou viúva que se sente desesperadamente sozinho pode se apressar em um novo relacionamento e casar — podendo vir a se arrepender mais tarde.

A Bíblia oferece princípios úteis que se aplicam tanto a jovens como a pessoas mais velhas, para primeiro ou segundo casamentos, àqueles arranjados ou romanticamente induzidos. Independentemente da decisão, deve-se considerar as questões que serão discutidas neste capítulo.

COMO POSSO SABER COM QUEM CASAR?

Ela era jovem e linda, e tinha crescido numa cidade pequena. Ele era rico, filho único, tinha 40 anos e trabalhava nos negócios de criação de gado de seu pai. Suas casas estavam separadas por mais de 650 quilômetros, e seus olhos nunca tinham se encontrado antes do dia de se tornarem marido e mulher.

Um senhor, empregado do pai do noivo, agiu como casamenteiro. No dia em que ele chegou à cidadezinha onde a moça morava, foi até ela, fez-lhe algumas perguntas, e então soube que ela seria aquela que iria casar com o filho de seu patrão. Esse senhor então "disparou a pergunta" para o pai da moça e fez os preparativos para levá-la para casar — e ela foi por livre vontade.

A noiva e o noivo eram Rebeca e Isaque. O texto de Gênesis 24 relata o que levou ao casamento deles e oferece um exemplo incomum de como Deus pode unir duas pessoas. O fascinante registro das ações de Abraão em relação ao matrimônio de seu filho, apresenta vários princípios sensatos que podem ser aplicados à forma que decidimos com quem casar em nossos dias e em nossa cultura.

Por isso, neste capítulo, vamos nos referir à história de Isaque e Rebeca. Na verdade, antes de você ir adiante nesta leitura, seria bom abrir sua Bíblia em Gênesis 24, e procurar por princípios que poderiam ser aplicados nos dias de hoje.

Para obter um quadro completo de como podemos saber com quem casar, vejamos em outras partes da Bíblia também, e organizemos nossas descobertas nos seguintes tópicos: (1) Escolha um cristão; (2) Confie em Deus; (3) Considere o caráter; (4) Seja sábio; (5) Pense no futuro.

ESCOLHA UM CRISTÃO

Óleo e água não se misturam. Um rato e uma jiboia não seriam bons amigos. Uma pessoa com o paralisante medo de altura não seria uma escolha sábia para ser companheira de escalada ao Monte Everest. Um comunista radical não faria uma boa dupla política com uma capitalista comprometida. Um husky e um bassê não trabalhariam bem como puxadores de trenós no Alasca. E um seguidor de Cristo não faria um bom par com um incrédulo.

Por que todo esse alvoroço sobre meu cônjuge ser ou não cristão? Nada deveria ser mais importante para você ou para a pessoa com quem vai casar, do que seu bem-estar espiritual. Abraão sabia disso. Ele enviou seu servo numa longa viagem (mais de 650 quilômetros) para encontrar uma noiva espiritualmente compatível para seu filho. Não é que fosse um pai protetor e controlador — ele sabia do significado permanente do casamento. Gênesis 24 nos ajuda a entender o porquê.

Abraão deu a seu servo (provavelmente Eliézer, seu fiel e antigo servo mencionado em 15:2) estas rigorosas ordens: "...Põe a mão por baixo da minha coxa, para que eu te faça jurar pelo Senhor, Deus do céu e da terra, que não tomarás esposa para meu filho das filhas dos cananeus, entre os quais habito; mas irás à minha parentela e daí tomarás esposa para Isaque, meu filho" (vv.2-4). Os cananeus eram notórios idólatras. Os seus deuses e deusas promoviam adoração que incluía sacrifícios humanos e rituais de fertilidade com sexo pervertido.

Quem são os cananeus de hoje? Ok, talvez a pessoa com quem você está namorando não vá a uma igreja que promove sacrifícios humanos ou rituais sexuais e não adora deuses da fertilidade. No entanto, a questão é: quem ou o que esta pessoa está adorando? Esta pessoa por quem você tem um interesse romântico conhece a Jesus Cristo como Salvador? Ele ou ela está vivendo para o Senhor? Os cananeus de hoje em dia nem sempre são claramente muito pagãos. Eles podem parecer religiosos em um sentido positivo, mas ser religioso não é suficiente.

Em 2 Coríntios 6:14,15 encontramos a seguinte afirmação: "Não vos ponhais em jugo desigual com os incrédulos; porquanto que sociedade pode haver entre a justiça e a iniquidade? Ou que comunhão, da luz com as trevas? Que harmonia, entre Cristo e o Maligno? Ou que união, do crente com o incrédulo?"

Quando o apóstolo Paulo escreveu essas palavras, não estava especificamente falando de casamento, mas o princípio certamente se aplica. Uma pessoa que coloca sua fé em Cristo é nascida de novo (JOÃO 3:3-16) e "...se alguém está em Cristo, é nova criatura..." (2 CORÍNTIOS 5:17). Uma transformação tão radical de nosso ser espiritual deve causar um impacto profundo em nossas prioridades, objetivos, estilo de vida e relacionamentos.

Lemos em 1 Coríntios 7:39 que se uma viúva escolher casar novamente, deve casar com um homem que "pertença ao Senhor". Ele tem que ser cristão, uma pessoa que vive sua fé em Jesus Cristo. Faz sentido que isto se aplique não somente às viúvas, mas a qualquer um que esteja considerando se casar.

Então, se você é cristão, a pessoa com quem você vai se casar deve ser cristão também. Procure uma pessoa que conheça Cristo como Salvador, e que dê evidência de crescimento espiritual.

O que pode dar errado se eu não casar com alguém que não tem a mesma fé? Muitas coisas. Se você pudesse falar com

Moisés ou com o rei Salomão, eles poderiam lhe dizer sobre os perigos para sua família e para a comunidade cristã. Moisés recebeu, diretamente do Senhor, uma palavra sobre isso e Salomão sabia, por experiência própria, dos resultados terríveis de se casar com alguém fora de sua fé.

A lei que Deus deu a Moisés continha proibições contra uniões com os pagãos das nações vizinhas. Deuteronômio 7:3,4 diz: "...nem contrairás matrimônio com os filhos dessas nações [...] pois elas fariam desviar teus filhos de mim, para que servissem a outros deuses."

Apesar de Salomão saber disso, ele usou mal suas prerrogativas de rei e se casou com todos os tipos de mulheres estrangeiras que serviam a ídolos. Como resultado, "Sendo já velho, suas mulheres lhe perverteram o coração para seguir outros deuses; e o seu coração não era de todo fiel para com o SENHOR, seu Deus, como fora o de Davi, seu pai" (1 REIS 11:4). Tanto Salomão como toda a nação sofreram (vv.11-13).

Por toda a história de Israel, quando as pessoas casavam com pagãos, havia uma influência negativa para os israelitas. Mesmo depois de seu castigo nas mãos de exércitos estrangeiros, os judeus que retornaram para Jerusalém tiveram que ser repreendidos por Esdras e Neemias (ESDRAS 9–10; NEEMIAS 13:23-27), e depois por Malaquias (2:11,12). O amor, a luxúria e as circunstâncias os cegaram para aquilo que sabiam ser certo e errado.

Devemos estar posicionados contra a tentação de omitir esse princípio básico da compatibilidade espiritual. Só porque a outra pessoa é "magnífica", "gentil e atenciosa", ou parece ser "genuinamente apaixonada por você", não permita que os sentimentos o façam desdenhar seu relacionamento com Deus.

Apesar de os apóstolos Paulo e Pedro falarem sobre a possibilidade de ganhar seu cônjuge para o Senhor (1 CORÍNTIOS 7:12-16; 1 PEDRO 3:1,2), isto não significa que podemos entrar em uma união conjugal sabendo que somos espiritualmente incompatíveis. Um cristão que casa com um não-cristão pode ter de enfrentar uma perturbação espiritual no casamento por toda a vida e a batalha pelo bem-estar espiritual dos filhos.

Não permita que os sentimentos o façam desdenhar seu relacionamento com Deus.

Reflita. Por que alguns cristãos escolhem casar com um não--cristão mesmo sabendo que isto não é certo? Que áreas de conflito podem se desenvolver em um casamento se os dois não são cristãos? Que efeito este tipo de união poderia ter sobre os filhos enquanto eles crescem?

CONFIE EM DEUS

Não é fácil esperar que alguém lhe dê o que você anseia. Eu não gosto de esperar em uma fila enorme numa lanchonete de *fast--food*, onde o cheiro dos hambúrgueres só me provoca mais fome; não gosto de apertos financeiros quando as contas chegam mais rapidamente do que o salário, e fico pensando quando, e se o saldo da conta estará novamente no positivo.

Nossa vida inteira parece ser um processo de aprendizagem para se esperar na dependência dos outros. Tudo começa quando somos bebês — queremos nosso leite, nosso "cobertorzinho", nosso bichinho de pelúcia favorito, ou uma fralda limpa; temos que aprender continuamente que não podemos ter tudo no momento desejado; temos que esperar que o papai e a mamãe, ou outros nos deem o que precisamos.

Como cristãos temos que sempre aprender a esperar no Senhor, aquele que provê tudo o que precisamos. Não é uma lição fácil para qualquer um de nós. Temos que descobrir que Seu tempo é melhor, que Ele tem tudo sob controle. É mais fácil falar do que fazer. Para um homem ou mulher com o coração dolorido e que deseja casar, a espera pode ser muito, mas muito difícil.

O que a história de Isaque e Rebeca nos diz sobre confiar em Deus para a providência? Abraão e seu servo Eliézer (em vez de Isaque e Rebeca) nos dão o exemplo a seguir (GÊNESIS 15:2-6; 24:2-4). No versículo 7, Abraão expressou sua confiança na habilidade de Deus em direcionar Eliézer à mulher certa para seu filho. Abraão disse: "O Senhor, Deus do céu [...] enviará o seu anjo, que te há de preceder, e tomarás de lá esposa para meu filho." Essa declaração de fé não era um pensamento desejoso. Em vez disso, aquelas palavras se originaram de um relacionamento íntimo e antigo que Abraão tinha com o Senhor. Ele poderia olhar para o passado e ver como o Senhor o havia guiado e suprido todas as suas necessidades. Sabia que poderia confiar em Deus para o guiar nessa escolha crucial para seu filho Isaque.

Abraão era um exemplo vivo da verdade que encontramos em Provérbios 3:5,6: "Confia no Senhor de todo o teu coração e não te estribes no teu próprio entendimento. Reconhece-o em todos os teus caminhos, e ele endireitará as tuas veredas". Ao viver pela fé, Abraão era abençoado e guiado pelo Senhor. Seu servo Eliézer mostrava o mesmo tipo de fé quando orou: "Ó Senhor, Deus de meu senhor Abraão, rogo-te que me acudas hoje e uses de bondade para com o meu senhor Abraão!" (GÊNESIS 24:12).

Hoje podemos ter a mesma confiança e segurança tranquila de que Deus está no controle de nossa vida. Sempre e quando andarmos de forma humilde, submissa e obediente, não precisaremos nos preocupar por não entender a direção de Deus sobre qual caminho devemos seguir. Assim como Abraão se humilhou ante o Rei do universo, nós também devemos buscar primeiro o reino de Deus e Ele cuidará daquilo que precisamos (MATEUS 6:33); e isso inclui ajudar-nos a encontrar um cônjuge ou viver para Ele como solteiros.

Enquanto andarmos em humildade, submissão e obediência não precisaremos nos preocupar se iremos perder a direção de Deus.

Por que Deus está demorando tanto? Você pode ter certeza de que qualquer atraso que possa encontrar é para o seu bem, e não uma tentativa de Deus para torturá-lo! Pode parecer que o Senhor o abandonou quando só o que você quer é casar e sossegar.

Muitos jovens e idosos experimentam o medo de envelhecer. Um jovem pode começar a ter pânico quando atinge o último ano da faculdade ou a idade quando todos os seus amigos estão se casando. E alguns idosos podem entrar em pânico quando ficam viúvos, ou ao chegarem ao momento de suas vidas em que realmente precisam de companhia. Quer jovens ou idosos, as pessoas acabam procurando uma forma rápida de resolver seus anseios por um parceiro de vida. Não precisamos enfatizar que isso é extremamente perigoso.

Não importa a idade, Deus quer que você clame por Ele, ande ao Seu lado e espere nele (SALMOS 27:13; ISAÍAS 30:18). Seja honesto com o Senhor sobre seu desejo de casar. Estes sentimentos são corretos e bons! Mas não perca a paciência e não se distancie de Deus em sua tentativa de encontrar alguém para casar.

Como está sua caminhada pessoal com Deus? Você confia no Senhor nas pequenas decisões do dia a dia? Está vivendo em dependência contínua dele? Está no lugar certo e com a atitude correta para que Ele possa ter sua atenção?

Quando o servo de Abraão falou a Rebeca sobre o propósito de estar em Naor, disse: "...quanto a mim, estando no caminho, o S<small>ENHOR</small> me guiou à casa dos parentes de meu senhor" (G<small>ÊNESIS</small> 24:27). Eliézer tinha seguido as instruções e estava no lugar onde Deus podia lhe dar mais direção. Nós também precisamos estar no lugar certo, andando em obediência ao Senhor, se quisermos que Ele nos guie no futuro.

Você está no lugar onde Deus o pode guiar? Não pode esperar que Ele o conduza a um ótimo companheiro cristão se você estiver andando com pessoas que não têm uma boa reputação; se estiver se envolvendo sexualmente com aqueles com quem sai; se negligencia momentos de oração pessoal e adoração ou se você estiver fomentando atitudes pecaminosas. Não podemos esperar a ajuda de Deus para escolher um companheiro se vivermos em desobediência a tudo aquilo que sabemos ser a Sua vontade. Não espere que o Senhor o guie amanhã, se você não o está seguindo hoje.

Deus providenciará um cônjuge para todos? Não. Algumas pessoas são dotadas para o celibato, enquanto outros foram designados para o casamento (1 Coríntios 7). Idealisticamente, numa existência do tipo que havia no jardim do Éden, todo homem e toda mulher encontrariam o parceiro perfeito. Mas este é um mundo imperfeito, onde o ideal não é mais operante. Na presente situação, a vontade de Deus para algumas pessoas é uma vida de solteiro — e para estes, é *exatamente* dessa forma que Ele é mais glorificado em sua vida.

Por que eu preciso da ajuda de Deus para escolher um companheiro? Decidir casar pode ser uma situação complicada, que altera o rumo de sua vida e que tem um impacto profundo e duradouro. E francamente, a maioria de nós não entende totalmente a situação em que estamos entrando. Precisamos da ajuda de Deus para nos preparar para o casamento e nos ajudar a selecionar a pessoa que será melhor para nós.

O texto de Tiago 1:5 afirma: "Se, porém, algum de vós necessita de sabedoria, peça-a a Deus, que a todos dá liberalmente e nada lhes impropera; e ser-lhe-á concedida." Neste versículo, Tiago estava escrevendo sobre a sabedoria que precisamos para lidar com as provações em nossa vida. E, certamente, tentar lidar com a vida de solteiro e determinar se Deus quer que você case com certa pessoa ou não, pode ser considerado uma séria provação! De acordo com o livro de Provérbios, damos um passo gigante em direção a nos tornarmos sábios quando escolhemos temer ao Senhor, demonstrando-lhe a reverência e honra que se deve somente a Ele (1:7; 2:1-11).

Como o Espírito Santo guia minhas escolhas, meus pensamentos, meus sentimentos? Este é um assunto complicado simplesmente porque estamos falando sobre informação pouco objetiva. Apesar de o Novo Testamento conter vários exemplos de como o Espírito Santo pode guiar por meio de impressões interiores (ATOS 8:29; 11:28; 13:2; 21:11; 1 CORÍNTIOS 14:30), separar nossos sentimentos subjetivos ou anseios da voz do Espírito Santo não é sempre algo fácil de se pôr em prática. Você pode ter certeza que o Espírito nunca violaria os claros mandamentos bíblicos. O Espírito nunca lhe diria para escolher casar com um incrédulo, como não o influenciaria a casar por dinheiro, ou lhe direcionaria a casar em conflito com os princípios da sabedoria (veja "Seja sábio", p.24).

O Espírito Santo vai guiá-lo ao estudo da Bíblia, e lhe dará sensibilidade sobre o que é certo ou errado num relacionamento. Os estímulos interiores do Espírito Santo serão consistentes com a verdade e sabedoria divina.

Como devemos orar a Deus para nos direcionar a um marido ou esposa? Com frequência e bastante! Deus está pessoalmente interessado em ouvir seus pedidos a respeito desta questão. Ao trazer-lhe seus pedidos e submeter-se à Sua direção, pode ter certeza de que Ele lhe dará aquilo que Ele deseja para você (SALMO 37:4; MATEUS 7:7-12).

Reflexão. Em uma escala de 1 a 10, onde você colocaria seu grau de confiança em Deus? Tem investido tempo orando sobre com quem você vai casar? Está vivendo em obediência a Deus e crescendo em seu relacionamento com Jesus Cristo? Já aprendeu o segredo do contentamento, seja você casado ou não? (FILIPENSES 4:11-13).

CONSIDERE O CARÁTER

Que tipo de pessoa você gostaria que fizesse uma cirurgia no seu coração? Gostaria que fosse um usuário regular de cocaína, um assassino psicopata, ou um residente de medicina que "colava" para poder completar o curso? Provavelmente nenhuma das alternativas, certo? Você gostaria que fosse um médico qualificado e competente, alguém que estivesse preparado para este tipo de procedimento.

Da mesma forma, você precisa ter certeza de que a pessoa que escolher para casar terá as qualificações corretas para ser seu marido ou sua esposa. Isso não quer dizer que deve distribuir formulários a todas as pessoas que conhece, mas significa que deve estar atento sobre quais traços são desejáveis em um cônjuge. E talvez, o mais importante — aquilo que você espera dos outros deve também ser evidente em sua própria vida!

Que traços de caráter eram importantes no caso de Isaque e Rebeca? Quando Eliézer chegou à cidade de Naor, ele orou e pediu ao Senhor para indicar-lhe uma jovem de um certo tipo; e eu não acho que ele tenha pedido apenas alguns sinais arbitrários. Eliézer pediu ao Senhor para lhe trazer uma jovem cujas ações demonstrariam uma atitude submissa, humilde e de serviço. Estes traços de caráter seriam revelados por sua prontidão em dar água a Eliézer e seus camelos (GÊNESIS 24:13,14).

O que espera dos outros deve também ser evidente em sua própria vida!

Quando Rebeca preencheu esses requisitos, o relato diz que Eliézer a observou bem atentamente, para confirmar se era a jovem ideal para Isaque (v.21). No desenrolar da situação, ela demonstrou sensibilidade ao Senhor por sua prontidão em ir com o servo de Abraão — mesmo depois de ela ter ouvido sua fascinante história.

No versículo 16, Rebeca é descrita como sendo mui formosa e virgem. Eu tenho certeza de que sua beleza natural não a prejudicou, embora não possamos ter certeza de que esta beleza tenha sido fator determinante. No entanto, podemos estar seguros de que sua virgindade era uma questão importante. A lei do Antigo Testamento era bem rígida quanto ao comportamento sexual (DEUTERONÔMIO 5:18; 22:13-21). Uma fraude no casamento em relação à pureza sexual de uma pessoa poderia levar até a sentença de morte (v.21).

Quais são as características de caráter importantes para as pessoas que desejam casar-se hoje? Aqui estão alguns traços que deve-se procurar nos outros e desenvolver em você mesmo:

1. *Humildade e disposição para servir.* Ele ou ela deve ser capaz de viver em harmonia com os outros, estar disposto a se relacionar com pessoas de posições menos privilegiadas, não ser presunçoso (JOÃO 13:1-7; ROMANOS 12:16). Acima de tudo, ele ou ela deve estar disposto(a) a servi-lo (a).

2. *Pureza sexual.* O sexo foi projetado para o casamento. Você deve se guardar para alguém que tem se guardado para você (ROMANOS 13:13,14; HEBREUS 13:4).

Mas e se você ou a pessoa que por quem está interessado já foi sexualmente ativa no passado? Você terá perdido o privilégio de um relacionamento feliz? Não. Mas vai ter que lidar com as cicatrizes emocionais destas atividades sexuais anteriores. No entanto, pela graça e misericórdia de Deus, qualquer pessoa pode ser completamente perdoada e purificada em Cristo (2 SAMUEL 13:13; 1 JOÃO 1:9).

De acordo com pesquisas recentes, o que surpreende é que muitos solteiros que leem este capítulo já terão experimentado a atividade sexual. Então você simplesmente joga os padrões pela janela? Claro que não. O pecado nunca justifica a ilegalidade. Nosso pecado somente nos faz necessitar mais desesperadamente da misericórdia e do perdão de Deus. Os problemas de seu passado sexual ou de seu futuro cônjuge podem ser questões profundas de personalidade. Seria sábio assegurar-se de que o passado foi devidamente abordado e resolvido e que padrões pecaminosos de comportamento sexual tenham sido quebrados e abandonados. De outra maneira, estas mesmas fraquezas de caráter reaparecerão no futuro e ameaçarão seu relacionamento sexual no casamento. Seria interessante conversar sobre estes assuntos com seu pastor ou um conselheiro cristão,

e ter a certeza de que você e seu companheiro deixaram o passado para trás e estão comprometidos com a pureza sexual.
3. *Devoção a Cristo.* Você deve se comprometer com um cristão que é espiritualmente sensível ao Senhor e deseja viver para Cristo (2 CORÍNTIOS 6:14-18; EFÉSIOS 4:17–5:20; FILIPENSES 3:7-16; 1 JOÃO 2:15-17).
4. *Prioridades corretas.* A pessoa que você escolher para ter um compromisso como marido ou mulher, não deve ter compromisso com o dinheiro, prazer, ou popularidade (ECLESIASTES 2:1-11; 5:8-17; 6:1-12; MATEUS 6:33; ROMANOS 12:2; 1 TIMÓTEO 6:10; HEBREUS 13:5).
5. *Crenças corretas.* Não se case com um herege! Vocês não precisam concordar com todas as questões menores, mas tenham certeza que concordam nas bases bíblicas da boa doutrina (1 JOÃO 4:1-6).
6. *Compromisso com a Igreja.* Deus não planejou que a vida cristã fosse um viver solitário. Ele planejou que a Igreja suprisse nossas necessidades e que nós sirvamos uns aos outros. Você deve concordar sobre isto com seu futuro cônjuge (EFÉSIOS 4:1-16; HEBREUS 10:24,25).
7. *Uma atitude amável.* Essa é a mais básica característica que cada cristão deve possuir (JOÃO 13:35; GÁLATAS 5:22; 1 JOÃO 3:11-20). Não case com um resmungão! Eu não consigo imaginar porque pessoas deste tipo atrairiam algum pretendente, mas elas atraem — escondem seu verdadeiro caráter e seduzem com outras qualidades. A sabedoria de Provérbios nos adverte que estar casado com uma pessoa irritadiça e briguenta pode ser tortura! (19:13; 21:9,19). Examine seu relacionamento e veja como você lida com ele. Está sempre brigando? Sente-se verbal ou emocionalmente abusado?
8. *Domínio próprio.* O seu pretendente demonstra se conter quando está com raiva? Ele ou ela é viciado(a) em álcool, drogas,

comida, sexo, trabalho, esportes, ou consumismo compulsivo? (PROVÉRBIOS 23:20,21; 25:28; GÁLATAS 5:22,23; EFÉSIOS 5:15-18).

9. *Honestidade.* O escritor de Provérbios disse que "Como beijo nos lábios, é a resposta com palavras retas" (24:26). Se uma pessoa realmente ama a outra, ele ou ela demonstrarão esta afeição com palavras honestas.

10. *Beleza interior.* O Senhor procura por qualidades atrativas no interior de um homem e de uma mulher; devemos esperar menos que isto? (1 SAMUEL 16:7; PROVÉRBIOS 11:22; 31:13; 1 PEDRO 3:2-5). A beleza só tem a espessura da pele, mas caráter vai até os ossos. Você deve achar seu companheiro fisicamente atraente, mas isto não é tão importante quanto a atração pelo seu caráter.

11. *Responsabilidade.* Não se case com uma pessoa egocêntrica, preguiçosa, que não tem desejo ou a intenção de assumir certas responsabilidades. Rebeca e seu pai poderiam assumir que, em razão dos presentes de Eliézer e sua descrição de Isaque, ele seria capaz de cuidar dela (GÊNESIS 24:22,35,53). Isto soa friamente prático, não é? Mas ao contrário de algumas opiniões, você não pode pagar as contas com promessas de amor.

Em 1 Timóteo 5, o apóstolo Paulo diz: "...se alguém não tem cuidado dos seus e especialmente dos da própria casa, tem negado a fé e é pior do que o descrente" (v.8). Paulo não mediu palavras. Se você não deve se casar com um descrente, certamente não deve se casar com uma pessoa cuja irresponsabilidade financeira e preguiça, o tornam "pior que um descrente". O "homem preguiçoso", que é frequentemente mencionado em Provérbios, é uma pessoa a ser evitada como companheira (24:30-34).

12. *Bom relacionamento com os pais.* Como uma pessoa se relaciona com os seus pais lhe dirá muito sobre seu caráter. Deus coloca muito valor em demonstrar respeito e honra pelos pais (EFÉSIOS 6:1-3).

As expectativas podem estar muito altas ou muito baixas? Algumas pessoas podem esperar perfeição, enquanto outras não sabem o que esperar. O problema com qualquer tipo de lista (como a anterior) é que podemos fazer exigências impossíveis para a outra pessoa. Certamente que as qualidades espirituais e de caráter básicas devem estar presentes, mas não podemos esperar que a pessoa seja perfeita. Não existe tal criatura neste planeta! Então seja razoável. Não ceda nas questões mais importantes, mas permita espaço para crescimento de caráter. O importante é se a pessoa com quem você está se comprometendo é ou não dedicada a Cristo e se está permitindo Deus trabalhar na vida dela para que se pareça mais com Jesus Cristo.

E mais uma nota prática: não escolha alguém com a ideia de que você poderá mudar drasticamente o caráter dele ou dela depois da cerimônia de casamento. Esteja preparado para viver com essa pessoa mesmo que ele ou ela nunca mude!

Reflexão. Qual área de sua vida precisa de mais atenção e oração? Você seria um "bom partido" para alguém que esteja procurando se casar? Se você está pensando em se casar com alguém, conhece essa pessoa bem o suficiente para concluir que ele ou ela o ajudaria em seu relacionamento com Cristo?

SEJA SÁBIO

Se você estivesse procurando um carro para comprar, seria adequado abrir o jornal nos classificados de automóveis, fechar seus olhos, colocar seu dedo aleatoriamente na página, e então comprar aquele carro? Melhoraria a situação se você orasse e pedisse a Deus para ajudá-lo a colocar o dedo no anúncio certo? Ou a cena inteira parece um pouco ridícula? O Senhor quer que usemos nossa sabedoria, seja comprando um carro, selecionando um lugar para morar, escolhendo uma faculdade para cursar, ou procurando a pessoa certa para casar.

Algumas decisões na vida podem ser resolvidas jogando uma moeda — como tentar escolher se você vai ter frango ou bife no almoço. Mas a maioria das outras escolhas exigem mais de nosso cérebro. A escolha de um cônjuge, por exemplo, exige bastante pensamento, muita oração, e muita dependência de Deus por Sua direção. Afinal de contas, é uma decisão que vai afetar você (e seu cônjuge) pelo resto de sua vida. Não é algo que possa encarar levianamente.

O que a história de Isaque e Rebeca nos mostra sobre como utilizar a sabedoria? O texto de Gênesis 24 contém várias aplicações de sabedoria prática. Quando nós associamos isto com o ensinamento de toda a Bíblia, podemos ter uma boa coleção de dicas práticas.

Na primeira leitura, pode parecer que o servo de Abraão fez algo como abrir os classificados e colocar o dedo na página. Mas vamos olhar com um pouco mais de atenção para alguns princípios de confiança que podemos aplicar hoje em nossas situações.

Procure no lugar certo. Para encontrar uma esposa compatível e espiritual, Abraão enviou Eliézer ao lugar óbvio — sua cidade natal (GÊNESIS 24:3,4,10). Eliézer não foi até um vilarejo pagão cananeu para procurar uma esposa para Isaque. Da mesma forma não faria sentido nós irmos a um santuário budista, a um clube de ateus, a uma igreja satânica, ou a um bar de solteiros, para encontrar uma pessoa que ama o Senhor Jesus Cristo.

Peça ajuda de Deus. Eliézer orou sobre o casamento que ele estava arranjando (GÊNESIS 24:12) e ele viu a direção de Deus. Nada poderia ser mais prático e sábio. O livro de Provérbios nos diz repetidamente que o temor do Senhor é o princípio do saber (1:7). A ação mais lógica que você deve tomar é colocar seu coração que busca sua companhia nas mãos de Deus.

Não baseie sua decisão em um "sinal". Mesmo que pareça que o sinal é do Senhor, não descarte a sabedoria. Uma parte da história de Isaque e Rebeca é, muitas vezes, mal compreendida. Quando Eliézer pediu a Deus por um sinal (uma jovem que ofereceria água para ele e seus camelos), ele não concluiu precipitadamente que Rebeca era a pessoa certa quando ela lhe ofereceu água. O texto nos diz que, mesmo depois de ela ter passado no teste inicial, Eliézer silentemente a observou e pensou se ela realmente era a pessoa certa (v.21).

Eliézer tinha observado o caráter de Rebeca quando esta moça humildemente trouxe água para ele e seus camelos. E depois de conversarem, soube que ela era da família certa (vv.24-27). Então, quando falou com o pai e irmão de Rebeca, Eliézer recebeu uma confirmação adicional assim eles deram sua aprovação rapidamente. E a indicação final foi a declaração da própria Rebeca de que estava disposta a ir (v.58). A combinação de todos estes fatores confirmou a escolha.

Busque conselhos. Você se dá conta do quanto Isaque teve que confiar no julgamento de Eliézer? Eu não consigo cogitar a ideia de deixar que alguém escolha a pessoa com quem eu me casaria. Gosto de imaginar que Isaque teve uma longa conversa com Eliézer antes dele partir em sua "caça à esposa", e contou ao seu velho amigo e servo o que ele queria em sua companheira. O que nós sabemos com certeza é que Abraão confiava no julgamento de seu servo, e que Eliézer não tomou uma decisão arbitrária. Gênesis 24 nos diz que Eliézer cuidadosamente explicou o propósito de sua viagem ao pai de Rebeca e submeteu-se ao seu conselho (v.49). E Rebeca ouviu humildemente seu irmão e pai (vv. 51,58-61). Nosso processo de raciocínio nem sempre é tão objetivo como deveria ser. As emoções podem nos impedir de ver sérias falhas de caráter na pessoa que estamos interessados em casar. O livro de Provérbios nos lembra da necessidade de conferir novamente nosso julgamento com o conselho de pessoas que nós confiamos (PROVÉRBIOS 12:15; 20:18).

Quais os outros itens práticos que devemos considerar atualmente? Além das quatro instruções que mencionamos, devemos considerar o seguinte:

1. Observe a família. Como uma pessoa se relaciona com os pais, irmãos e irmãs, vai lhe dizer muito sobre seu caráter. Um filho que "...maltrata a seu pai ou manda embora a sua mãe, filho é que envergonha e desonra." (PROVÉRBIOS 19:26). Uma pessoa que honra seu pai e sua mãe (EFÉSIOS 6:23) desfruta da bênção do Senhor. Tal pessoa demonstra um tipo de caráter que você deveria querer em seu companheiro. Como os pais dele ou dela se relacionam entre si? Você pode ter certeza que o exemplo deles deixou uma impressão profunda em seu futuro companheiro.

A propósito, não se esqueça de observar sua própria família e o exemplo do casamento de seus pais. O que você tem percebido pode, ou não, ser o tipo de relacionamento que Deus quer que você imite.

2. Não se apresse! Esteja seguro de que você conhece a si mesmo e à outra pessoa suficientemente para ter a certeza de que vocês são certos um para o outro, e que estão prontos para um relacionamento para a vida toda (PROVÉRBIOS 19:2; 29:20). O amor à primeira vista é um mito. A única coisa que você pode acontecer instantaneamente é uma atração superficial. O amor leva tempo para crescer e se desenvolver.

E se meus pais não aprovarem? Eu preciso seguir os desejos deles? Se você quiser manter a paz na família, sim, você precisa! O que fazer se você já tem idade suficiente para tomar uma decisão madura e responsável, e pensa que está fazendo a escolha certa?

Faça o que fizer, não deixe de honrar seus pais (EFÉSIOS 6:2,3), mesmo que discorde deles. Dê-lhes tempo para ver seu ponto de vista. Converse com eles sobre isso. Descubra exatamente porque eles não querem que você case. Pode ser que sintam que há uma falha séria de caráter ou algum outro problema que você não está se dando conta. Dê-lhes uma chance de expor suas opiniões. Não se exalte. Peça a Deus que os ajude a ver as questões claramente. Reafirme seu amor e respeito por eles.

Seu pastor e outras pessoas podem ser capazes de lhe dar conselhos objetivos sobre o que fazer. Pode ser que seus pais estejam sendo injustos, mas faça tudo o que puder para preservar seu relacionamento com eles. Tente conquistar a aprovação deles, mas não tente lhes forçar a isto. A pessoa que você quer casar deverá ser capaz de entender e esperar um pouco.

Somente como última opção, depois de você ter examinado cuidadosamente e orado sobre seus motivos, seu desejo para casar, sua compatibilidade e seu amor, você poderá, passar por cima dos desejos de seus pais.

Quanta liberdade eu tenho para escolher? Existe apenas uma pessoa no mundo que é certa para você ou há várias opções que agradariam a Deus? Esta é outra questão que não é fácil de se responder, porque entramos no campo da soberania de Deus e nosso livre arbítrio — e isto está além da compreensão humana.

Entretanto, podemos ter certeza de que o Senhor está no controle e que Ele nos deu liberdade. Esta liberdade inclui a escolha de cometer erros — inocentes ou pecaminosos. Em vez de ficarmos parados nos desgastando sobre o fato de estarmos escolhendo a única pessoa no mundo que Deus planejou para casarmos, seria muito melhor vivermos em dependência contínua no Senhor, confiando nele para nos trazer a pessoa que é certa.

Reflexão. O que pode nos impedir de usar a razão antes de casarmos? Quais os pontos práticos mencionados neste capítulo que são essenciais para um casamento feliz? O que faz você ser uma boa escolha para alguém que quer se casar? Que razões práticas uma pessoa teria para não querer casar com você?

PENSE NO FUTURO

Você mergulharia de cabeça num lago sem antes saber qual a profundidade e temperatura da água? Compraria uma casa ou concordaria em alugar um apartamento sem antes verificá-los? Aceitaria um emprego se não soubesse o que iria fazer, quanto seria seu salário, que tipos de benefícios teria, ou quais seriam as condições? Somente se você tivesse a tendência a agir no impulso ou se estivesse muito desesperado, certo?

> O casamento é a dimensão realista do romance,
> a transformação de um projeto romântico
> em uma realidade valiosa.
> —Mike Mason

O mesmo acontece no casamento. Poucas pessoas decidem casar sem ter uma ideia do que estão fazendo. Contudo, o problema é que muitas vezes elas têm em mente uma visão inferior à visão bíblica: inocentemente esperam que o romance continue sem uma única discussão, ou meramente continuam a reproduzir os padrões dos casamentos que observaram enquanto cresciam, e que não são os ideais. Como resultado, quando os problemas surgem no relacionamento, falham em lidar apropriadamente com eles e vivem em conflito — ignoram o problema e torcem para que ele desapareça — ou então decidem terminar a relação. Por isso é muito importante para aqueles que estão buscando se casar, pensar sobre como poderá ser o futuro.

O que Rebeca e Isaque pensaram sobre a situação na qual estavam entrando? Gênesis 24 não nos diz muito sobre isso. Temos que deduzir que, assim como Abraão, eles sabiam o que tinha acontecido no primeiro casamento no jardim do Éden. E, também, tinham observado os seus pais tementes a Deus respeitarem o plano do Senhor para o casamento.

Isaque sabia, por exemplo, que o relacionamento tinha fortes implicações espirituais — sabia que sua esposa não poderia ser uma idólatra, mas alguém que fosse espiritualmente compatível e que iria unir-se a ele na preservação da fé e na continuidade da próxima geração (24:1-7). Por 37 anos antes de sua mãe morrer, Isaque observou o relacionamento de seus pais.

Qual é a visão de Deus para o casamento? Deus planejou que o casamento fosse o mais íntimo e o melhor de todos os relacionamentos humanos. Nessa relação especial, um homem e uma mulher foram criados para completar as necessidades e habilidades físicas, espirituais, emocionais e sociais um do outro (GÊNESIS 2:18-25). Esta união é para ser mais do que um ato sexual, é uma união de propósito, corações e almas. Sua escolha da pessoa com quem se casará deve ser de alguém que complete suas necessidades, e cujas necessidades você pode suprir.

Deus conduziu a primeira cerimônia de casamento, e continua envolvido em cada cerimônia desde então. Jesus se referiu ao relato da criação de Adão e Eva e à união de uma só carne de marido e mulher, e então Ele completou: "Portanto, o que Deus ajuntou não o separe o homem" (MATEUS 19:6).

Deus já expressou claramente Seu ódio pelo divórcio (MALAQUIAS 2:16). Passagens do Novo Testamento, como Efésios 5, exaltam a santidade do relacionamento conjugal e a necessidade de o marido e a mulher se entregarem por inteiro.

Quais são as responsabilidades do marido e da esposa?

Contrariando algumas opiniões, o casamento não é uma relação de mestre-servo. E ao contrário de alguns padrões existentes, não é para ser uma relação de adversários. As duas responsabilidades fundamentais no casamento são:

1. *Fidelidade sexual* (ÊXODO 20:14; GÁLATAS 5:19). Isso é fidelidade tanto na ação como na atitude (MATEUS 5:27,28). Marido e mulher devem ter olhos e pensamentos somente um para o outro.

2. *Papéis distintos* (1 CORÍNTIOS 11:3-16; EFÉSIOS 5:22-33; COLOSSENSES 3:18-19; 1 TIMÓTEO 3:4,12; TITO 2:4,5; 1 PEDRO 3:1-7). Assim como dentro da Trindade, o Pai, Filho e o Espírito Santo são iguais, e têm diferentes funções, também o marido e a mulher têm funções diferentes que foram dadas por Deus. O marido deve prover uma liderança amorosa (1 CORÍNTIOS 11:3; EFÉSIOS 5:23,25,28; COLOSSENSES 3:19). Ele tem que fazer tudo o que puder para compreender as necessidades de sua mulher e tratá-la com terno respeito (1 PEDRO 3:7). A esposa deve prover serviço amável ao marido e à família (GÊNESIS 2:18; EFÉSIOS 5:22; COLOSSENSES 3:18; TITO 2:4,5; 1 PEDRO 3:1). É popular em algumas culturas hoje que os papéis de marido e esposa sejam rotulados como estereótipos preconceituosos e ultrapassados, que não se aplicam mais em nosso mundo esclarecido. O problema com essa visão é que Deus criou homens e mulheres com diferentes funções biológicas e relacionais. A Bíblia não dá indicação de que os critérios criados por Deus devam ser ignorados ou encobertos.

Ninguém disse que seria fácil! O amor exige bastante trabalho. Uma pessoa que entra no casamento com a noção de que a vida será um êxtase romântico total, vai ter uma "dura chacoalhada" mais adiante. A maioria das pessoas são mais realistas, mas suas expectativas ainda superam a realidade que elas encontrarão.

Qual deve ser a importância do sexo?

O relacionamento sexual é uma expressão do íntimo relacionamento de corpo e alma que você e seu cônjuge compartilharão. O desejo sexual é uma força poderosa; por isso Deus planejou que o casamento fosse o lugar para suprir este desejo (HEBREUS 13:4). Em 1 Coríntios 7:2,9 nos diz que o desejo da satisfação sexual é uma boa razão para se casar. Embora seja verdade que mais coisas devam ser consideradas, a atração física estará lá e o relacionamento sexual deve ser desfrutado sem reservas (PROVÉRBIOS 5:15-19). O marido e a esposa devem reconhecer que eles têm um dever de prover satisfação sexual ao seu cônjuge (1 CORÍNTIOS 7:3-5).

É necessário aconselhamento pré-nupcial?

Talvez não, mas os casais têm descoberto que ele é muito útil. Algumas pessoas receberam bons e saudáveis conselhos bíblicos de seus pais enquanto cresciam, e têm visto bons casamentos em ação, então para elas um aconselhamento extensivo provavelmente não seja necessário. Muitos pastores insistem em aconselhar cada casal cuja cerimônia de casamento eles realizam, e isto é uma boa ideia. No mínimo, um casal precisa entender o que é o casamento, como lidar com desentendimentos, com suas funções, como se relacionar sexualmente um com o outro, e como ajudar um ao outro a crescer espiritualmente. Um bom aconselhamento pré-nupcial abre o caminho para um futuro aconselhamento, caso surjam problemas no casamento.

Reflexão. Por que as responsabilidades do casamento assustam algumas pessoas? Como a sociedade vê hoje o compromisso no casamento? Que tipos de relacionamentos conjugais bons e ruins você observou em sua família e amigos ao longo de sua vida? Como pode ter certeza de que seu casamento honrará o Senhor?

É AMOR?

Como saber se está amando? O amor verdadeiro é mais do que uma sensação —embora você possa sentir que está no topo do mundo quando está com a pessoa que ama. Mas sentimentos podem levar você ao topo de uma montanha num dia e ao fundo de um vale no próximo. O tipo de amor que precisamos para podermos entrar em um casamento totalmente preparados, "na alegria ou na tristeza, na riqueza ou na pobreza, [...] até que a morte os separe", é um amor que é autossacrificial — um doar-se para o bem do outro. Ninguém (exceto Jesus) demonstra amor perfeito, mas o que desejamos, dentro do possível, é a mais perfeita expressão de amor. Coloque seu nome e o nome da pessoa com quem você está considerando casar, sempre que na passagem a seguir aparecer a palavra "amor":

> O amor verdadeiro é mais do que uma sensação — embora você possa sentir que está no topo do mundo quando está com a pessoa que ama.

O amor é paciente, é benigno; o amor não arde em ciúmes, não se ufana, não se ensoberbece, não se conduz inconvenientemente, não procura os seus interesses, não se exaspera, não se ressente do mal; não se alegra com a injustiça, mas regozija-se com a verdade; tudo sofre, tudo crê, tudo espera, tudo suporta. (1 CORÍNTIOS 13:4-7)

Veja como você se equipara ao padrão bíblico:

- .... é paciente;
- .... é benigno;
- .... não arde em ciúmes;
- .... não se ufana;
- .... não se ensoberbece;
- .... não se conduz inconvenientemente;
- .... não procura seus interesses;
- .... não se exaspera;
- .... não se ressente do mal;
- .... não se alegra com a injustiça;
- .... regozija-se com a verdade;
- .... tudo sofre;
- .... tudo crê;
- .... tudo espera;
- .... tudo suporta.

"ACEITO"

Uma pequena palavra com grandiosas implicações. Na cerimônia de casamento, a palavra "aceito" representa a aceitação do homem e da mulher de entrarem em um relacionamento especial e a promessa de seu amor e devoção um ao outro — por toda a vida. Não é um relacionamento para ser encarado levianamente ou para se entrar apressadamente. O homem e a mulher precisam estar convencidos de que são espiritualmente compatíveis, certos e bons um com o outro, e prontos para os desafios de uma vida juntos.

Capítulo 2

AS QUATRO FASES DO CASAMENTO

ROBERTO IRROMPEU IRADO na sua oficina, pegou um pedaço de madeira da mesa de trabalho e jogou-o numa pilha de refugo que estava num canto. Ele e Paula tinham acabado de ter mais uma briga. Estava cansado disso e tão infeliz que pensou em entrar em sua caminhonete e ir embora de uma vez por todas. Então pensou nas filhas, Ana de 14 e Márcia de 16 anos.

Este homem trabalhava duro — algumas vezes, 60 horas semanais. Construíra a casa na qual moravam, bem como o estábulo para os cavalos da raça quarto de milha que criavam. Tentara dar à sua esposa e às meninas uma vida confortável e livre de problemas. Mas Paula se tornou distante e ingrata pelo que ele tentava fazer. Quando tentavam conversar, era como se estivessem falando dois idiomas diferentes.

Algumas vezes, as meninas agravavam a situação. Roberto se esquecera do quanto seu pai fizera por ele, e quão pouco, quando jovem, dera valor a seus próprios pais, até que Ana e Márcia se tornaram quase tão difíceis de se conviver quanto Paula. As "menininhas do papai" estavam se tornando adolescentes exigentes e ingratas.

Roberto não era alguém que expressava seus sentimentos. Sempre os colocava de lado, para poder concentrar-se no trabalho que tinha que ser feito. Mas agora já não conseguia ignorá-los. "É isto o que significa o casamento? Sentir-se só, irado, frustrado e decepcionado?", perguntava a si mesmo. "Sinto-me tão vazio!".

Sandra e Davi estavam casados há menos de dez anos, e ela estava exausta. Davi mudava de um trabalho para o outro, e nunca encontrava exatamente "pessoas que valorizam o que eu faço". Ele quis uma família logo no início, e Sandra acabara de descobrir que o terceiro filho estava a caminho. Esta notícia confundiu suas emoções. Ela gostaria muito de ter mais um filho, mas não na atual conjuntura. Eles não podiam assumir isto no momento.

Fora muito fácil para Davi comprar as coisas que desejava — depois da casa maior do que precisavam, comprou um carro muito caro. Sandra trabalhava tanto quanto podia, mas quanto mais ganhava, mais seu marido gastava. Raras vezes ele cortava a grama; a secadora precisava ser consertada; a janela no porão ainda estava quebrada.

Os pais dela ajudavam um pouco, mas Sandra detestava pedir-lhes mais, a não ser que fosse necessário. Davi poderia cumprir a sua promessa de encontrar um trabalho regular e desenvolver responsabilidade financeira. Sim, ela já havia falado com ele, e ele fazia promessas sinceras — promessas que nunca cumpria.

Agora outro bebê estava a caminho. Sandra sentiu-se aprisionada e infeliz. Dez anos atrás, quando estava diante do altar e trocou votos com seu amado, não imaginava que seria assim!

UMA VISÃO RENOVADA

Tanto Roberto como Sandra sentem-se irados, magoados e traídos. Não esperavam que fosse desta forma. Sua "lua de mel" não durara tanto quanto sonharam. A promessa da felicidade, segurança, intimidade e cuidado mútuo, estava se desfazendo na dura realidade de seu casamento.

Eles não estão sozinhos. Seus sentimentos se reproduzem em muitos outros casamentos. E a porcentagem de divórcios seria ainda maior se tantos jovens não escolhessem apenas viver juntos.

Além disso, 50% de todos os jovens adultos atualmente, cresceram em lares que passaram pelo processo triste, amargo e algumas vezes violento da separação. Eles viram as suas marcas na mãe e no pai, e não querem que o mesmo aconteça com eles. Mas os casamentos não precisam acabar dessa maneira. Apesar das estatísticas do divórcio, apesar do número adicional de relacionamentos infelizes que permanecem intatos, o casamento ainda oferece uma oportunidade "planejada no céu" para descobrir o verdadeiro sentido e riqueza do amor.

É verdade, isso exige muito trabalho. Mas é assim com tudo o que vale a pena.

É verdade, vamos ter que fazer sacrifícios. Mas o que recebemos em dividendos pessoais de um relacionamento sadio, supera de longe todas as perdas.

É verdade, as estatísticas atuais podem não falar a favor do amor, no entanto, se seguirmos alguns princípios básicos, as estatísticas mudarão drasticamente.

É verdade, essa é uma grande responsabilidade, especialmente quando chegam os filhos. Porém, junto à responsabilidade, vem a autoridade e a ajuda de Deus que a transforma em resultados satisfatórios.

É verdade, há outras formas de satisfazer as fortes dores da solidão e sentimentos de descontentamento. Nossa geração está enfeitiçada por "triângulos amorosos", "romances de escritório", e com a ilusão do "sexo seguro". Mas quem vai dizer, em seu leito de morte, que está contente porque teve a chance de desfrutar de intimidade sexual fora do casamento?

É verdade que pode parecer que a melhor opção seja sair de um casamento ruim antes que a amargura e a ira o destruam. Mas muitas pessoas feridas já descobriram que por mais terrível que seja um relacionamento sem amor, um divórcio cheio de ira não consegue apagar tudo.

Devemos ver que há possibilidades das pessoas investirem tanto no seu casamento como o fizeram no tempo de namoro. Precisamos ver maridos e esposas cheios de gratidão por terem sido valorizados, apesar de todas as suas falhas e imperfeições. Precisamos perceber que há esperança para duas pessoas maduras que se amam profundamente, não por causa do que não sabem, mas porque aprenderam o significado do amor e perdão que perduram.

Precisamos de maridos que, apesar dos filhos e do orçamento limitado, vão encontrar maneiras de namorar suas esposas como o fizeram antes de se casarem.

Precisamos ver nosso casamento não como ele é, mas como poderia ser.

Precisamos visualizar pessoas se comunicando, respeitando e abraçando até serem separados somente pela morte.

QUATRO FASES DE UM BOM CASAMENTO

"Então, o que ganho com isto?" É um questionamento que vale a pena fazer a respeito do casamento, e com razão. Afinal, o que um casamento promete trazer consigo?

- Para a garota do Ensino Médio, é o dia da cerimônia, o vestido branco, as lindas madrinhas, velas, flores e uma festa repleta de amigos.
- Para os recém-casados, é a troca dos votos que fizeram, a intimidade, a amizade e a aventura.
- Para o casal cujo casamento já dura 15 anos, são os filhos, o companheirismo e a construção..
- Para aqueles casados há 35 anos, é observar como crescem os netos, os primeiros sinais da velhice e a diminuição do ritmo de vida.
- Para aqueles que valorizam Deus acima de tudo, o casamento provê um terreno para provar a fé — um laboratório do coração que tem uma promessa não apenas para esta vida, mas para aquela que virá.

As pessoas mudam, situações variam e sonhos são destruídos. Mas o mesmo Deus que estabeleceu o casamento, o fez para que pudesse suportar as decepções e as estações previsíveis da vida; as quais marcam todos os bons relacionamentos. O Senhor pode ajudar-nos a crescer por meio dos ciclos da (1) expectativa, (2) da aliança feita, (3) da desilusão e (4) da satisfação crescente; sobre os quais refletiremos neste capítulo.

Todavia, lembre-se de que a questão não é apenas o que nosso Senhor diz sobre o casamento. Encontraremos soluções quando descobrirmos o que Ele disse sobre assuntos básicos da fé e do caráter, e quando aplicarmos essas perspectivas às diferentes fases do relacionamento.

1. EXPECTATIVA

"O que posso esperar obter com o casamento? Qual é o benefício? Minhas esperanças são grandes e meus sonhos brilhantes. Mas será que se realizarão?"

Vamos olhar para algumas das expectativas mais comuns que as pessoas têm hoje em relação ao casamento. Depois vamos nos voltar para a Bíblia, a fim de vermos o que Deus propõe para este relacionamento.

Nossas expectativas. Nossa sociedade, religiosa ou secular, estabeleceu expectativas para o relacionamento conjugal.

1. Vai suprir minhas necessidades de:
- Afeição e intimidade sexual,
- Companheirismo,
- Ter uma família,
- Conversar,
- Segurança financeira,
- Aceitação social,
- Deixar a casa dos pais.

Muitas dessas expectativas refletem desejos razoáveis, até despertados por Deus. Mas o problema vem quando buscamos estes desejos com estratégias e motivos imediatistas.

Muitos entram no casamento esperando que ele resolva os seus problemas. Uma filha que já não tolera mais a ira e a frieza de seu pai, ou a crítica de sua madrasta, pode casar-se simplesmente para sair de casa. Um filho que sente que não é respeitado pelos seus pais pode vê-lo como uma maneira de encontrar a afirmação pessoal que tanto anseia. No entanto, na maioria das vezes, os que se casam para resolver os seus probleMas acabam numa humilhante corte judicial de divórcio dizendo: "Ela (ou ele) simplesmente não está satisfazendo minhas necessidades, Vossa Excelência."

Por que os casais não preveem que isto vai acontecer? Parte da resposta é que muitos deles presumem que...

2. O casamento irá transformá-lo(a). Muitas pessoas se casam tendo uma ideia pré-determinada do que querem que seu parceiro seja. Podem revelá-lo um pouco antes de concretizar a união, mas muito cedo torna-se demasiado óbvio. João, um estudante de seminário, estava buscando um conceito de como deveria ser a esposa ideal para um pastor. Queria uma mulher que fosse bastante hospitaleira, que o promovesse de todas as forMas que soubesse falar para grupos de mulheres, que ficasse contente em morar na casa pastoral — ao lado da igreja — que soubesse viver de forma econômica com um orçamento apertado, que lhe desse dois filhos no tempo desejado (de preferência um menino e uma menina), e que sempre fosse otimista e alegre.

Não muito depois de seu casamento começaram os problemas. Bete às vezes estava mal-humorada e triste. Ela queria um pouco de dinheiro para gastar, sem ter que prestar contas de todo centavo para seu marido. Detestava falar em público. O primeiro bebê não veio no tempo desejado, e a sua saúde era frágil. Quanto mais João a forçava para que suprisse suas expectativas, mais ela retrocedia.

Simplesmente não conseguia se encaixar no ideal dele, mesmo com toda a pressão que ele fazia.

Para evitar tais erros, algumas pessoas tentam uma abordagem diferente.

3. O relacionamento pode ser tão livre quanto quisermos. Alguns se casam com outra expectativa, mais sutil. São generosos em oferecer ao seu cônjuge grande liberdade —mais do que é conveniente para a outra parte— mas a um custo muito alto. Querem cada vez mais liberdade para si mesmos. Em troca, esperam que lhes sejam feitas poucas exigências. É a abordagem "viva e deixe-me viver": "Eu não lhe farei nenhuma pergunta e espero que você também não me questione sobre nada."

As expectativas de Deus. A Bíblia mostra que as expectativas de Deus para o casamento são diferentes das nossas. Quando o Senhor disse: "Não é bom que o homem esteja só", e quando criou Eva como resposta para a solidão de Adão, Ele fez mais do que dar apenas uma provisão para as necessidades do homem. O restante da Bíblia mostra que Deus tem as seguintes expectativas com relação à união matrimonial:

1. O casamento nos capacitará a suprir as necessidades da outra pessoa. Ao escrever sua carta aos coríntios no Novo Testamento, o apóstolo Paulo deixou claro que aqueles que estão casados podem esperar não apenas a alegria de um relacionamento, mas também as responsabilidades que o acompanham (1 CORÍNTIOS 7:28-35). Paulo deu a entender que ao se comprometerem um com o outro, os maridos e as esposas na verdade devem trabalhar arduamente para se agradarem mutuamente (vv.33,34).

De certo modo, o apóstolo disse que o casamento, embora não esteja errado (v.28), na verdade limita a proporção de tempo que uma pessoa pode investir num serviço para o Senhor. Paulo devia estar muito consciente de que o muito que conseguiu realizar como um embaixador viajante para Cristo, não poderia ter sido feito se tivesse as responsabilidades e cuidados por uma esposa, lar e família. Apesar de todas as alegrias, o casamento tem responsabilidades que limitam nossa liberdade de servir a Deus, de forma totalmente livre. Nosso Senhor sabe que quando casamos, estamos escolhendo servi-lo, atendendo às necessidades de nosso parceiro. Com o tempo, até temos que aprender como manter o compromisso conjugal sem que este venha a competir com o compromisso e dependência que temos com o Senhor.

Isso nos traz a uma segunda expectativa. Embora talvez nos casemos esperando mudar nosso parceiro, a expectativa de Deus é de que ...

2. O casamento nos mudará para melhor. As Escrituras não falam de nos assegurarmos de que nosso parceiro vai nos amar, respeitar e nos dar a satisfação afetiva, financeira e física que tanto desejamos. A Bíblia não promete que Deus vai transformar nosso cônjuge no tipo de pessoa pela qual estamos orando. O que ela revela, no entanto, é o tipo de coração que Deus pode desenvolver em nós, se fizermos a nossa parte em trazer à luz o que há de melhor no nosso companheiro.

O casamento, pela sua própria natureza, exige crescimento espiritual de nós mesmos. Para vivermos e amarmos alguém "na alegria e na tristeza, na riqueza e na pobreza, na saúde e na doença" requer-se que aprendamos a colocar os interesses dele ou dela em primeiro lugar.

Mais do que qualquer outro relacionamento,
o casamento exporá nosso coração e
exigirá nossa maturidade.

Tal amor é um princípio bíblico geral (FILIPENSES 2:14), mas a intimidade e as responsabilidades do casamento nos dão um cenário ideal para nos ajudar a aprender o verdadeiro significado do amor.

Por sua própria essência, o casamento exige compromisso, risco e investimento desinteressado. Deus espera que um casal alcance a unidade, o amor, a lealdade e bênçãos. Para isso devem dar grandes passos quanto a um crescimento pessoal. Precisam aprender como e quando abandonar seus direitos pessoais, a fim de que possam experimentar a riqueza que vem quando as verdadeiras necessidades do outro (não as exigências egoístas) são colocadas antes de nosso próprio desejo.

À medida que o marido e a esposa aprendem a amar dessa maneira, tornam-se uma janela através da qual os outros podem ver o reino de Deus em ação. Ao se renderem ao Espírito Santo e ao governo de Deus, tornam-se uma demonstração do tipo de espiritualidade que o Senhor planejou para o matrimônio. Amigos, filhos e outros membros da família têm a chance de ver o amor fiel, a honestidade, a coragem moral, a verdadeira humildade, a paciência incrível e a compreensão terna que Deus pode trazer com o casamento. As pessoas não vão ver uma submissão manipulada ou temerosa que tantas vezes caracteriza o relacionamento conjugal. Verão o afeto honesto e a amizade.

Esse tipo de amor requer que não nos concentremos primeiramente nas falhas do nosso cônjuge, mas em nossos próprios motivos e ações. Entretanto, tal amor não nos dá a permissão de presumir: "Se eu não exigir nada de você, então você também não vai exigir nada de mim." A expectativa de Deus é que, da forma mais íntima e interdependente possível...

3. O casamento nos colocará sob o espírito do amor mútuo. A Bíblia deixa claro que quando um homem e uma mulher se unem pelos laços do matrimônio, tornam-se um só. E o fator controlador de sua unidade é seu compromisso mútuo de cuidar do bem-estar do outro, enquanto ambos viverem.

Esse compromisso de amar significa que sempre devemos procurar formas positivas de trazer à luz o melhor do nosso cônjuge. Também significa que depois de lidar com nossas próprias falhas e pecados (MATEUS 7:1-5), vamos encontrar maneiras oportunas e sensíveis de prevenir falhas significativas um no outro. Provérbios 27:6 lembra-nos de que para sermos fiéis, algumas vezes um amigo precisa dizer coisas que podem ser dolorosas de se ouvir.

A Bíblia não deixa margem para queixas constantes ou críticas cruéis um ao outro. O texto de Provérbios diz que é melhor viver "no canto do eirado do que junto com a mulher rixosa na mesma casa" (21:9). Mas com o amor vem a responsabilidade de fazer todo o possível para trazer à luz o melhor no nosso cônjuge, e não o pior. O amor não vai ter prazer na imoralidade ou em apoiar os vícios destrutivos do nosso parceiro. Assim como Deus nos mostra pelo Seu próprio exemplo, o amor é firme e resistente quando as circunstâncias o exigem.

No entanto, a expectativa mais significativa que o Senhor tem para o casamento parece se refletir na sua intenção de que ...

4. O casamento será uma representação do relacionamento de Cristo com a Sua Igreja. A expectativa de Deus é de que maridos e esposas desenvolvam um amor duradouro, mantendo seus olhos nas "bodas" de Cristo e Sua igreja (2 CORÍNTIOS 11:2; EFÉSIOS 5:22-33). Depois de admoestar a maridos e esposas a verem suas diferentes e específicas funções no relacionamento entre Cristo e a Igreja, o apóstolo Paulo escreveu:

Grande é este mistério, mas eu me refiro a Cristo e à igreja. Não obstante, vós, cada um de per si também ame a própria esposa como a si mesmo, e a esposa respeite ao marido (EFÉSIOS 5:30-32).

Estas expectativas de Deus são uma grande promessa para um casamento que esteja começando ou aquele que esteja sendo restaurado. São expectativas que nos elevam acima de nós mesmos, e pedem de nós o tipo de amor que tem sua fonte em Deus.

Estas expectativas formam uma base para a aliança que está no centro do casamento.

2. ALIANÇA (OU PACTO)

Os parentes e amigos estão sentados. O órgão toca baixinho, enquanto as velas tremeluzem ao fundo. O cerimonial está a postos. O pai já disse: "Sua mãe e eu". O solista já terminou sua canção. A audiência está silenciosa. O pastor fala: "Por favor, deem-se as mãos e repitam comigo: Eu, Tiago, aceito Susana...".

As expectativas se aproximam da realidade com a troca dos votos. O homem e a mulher fazem promessas solenes diante de Deus, da família e dos amigos — de que vão "amar, honrar e cuidar" um do outro até que "a morte os separe". Ao repetir essas palavras e assinar os papéis legais, o homem e a mulher entram num relacionamento de aliança que representa tudo o que Deus pretendia para o casamento.

A troca de promessas também prenuncia aqueles tempos da vida conjugal que são melhores do que esperávamos. A aliança antecipa aquelas experiências da vida na qual o casamento, com seus altos e baixos, alcança maior profundidade, se torna mais exigente e tira de nós mais do que imaginávamos. "Tristeza", "pobreza" e "enfermidade" acontecem. E quando ocorrem, podemos sempre voltar para as promessas que fizemos. Compreender o que o Senhor queria que elas significassem — numa profundidade que não poderia ter sido prevista por nós quando as fizemos — nos ajudará continuamente a experimentarmos o que é realmente o casamento. Falaremos sobre as implicações da aliança no desenvolvimento de um compromisso vitalício, sobre a fidelidade conjugal e uma identidade compartilhada no próximo capítulo.

3. DESILUSÃO

A desilusão pode começar já na lua de mel. Uma suspeita, uma sombra que pode ter sido lançada nas emoções do marido ou da esposa. Uma pequena mancha na auréola dela; uma ínfima mácula na brilhante armadura dele.

Ela o ignora. Mas a desilusão continua voltando. Ele não é o homem gentil que ela pensava que fosse. Esquece-se dos sentimentos dela. Ela faz planos sem consultá-lo. Ele assume compromissos financeiros sem contar a ela. Ela termina suas discussões sem que haja solução.

Enquanto isso, a jovem esposa é perturbada pelos pensamentos que tem. Só se preocupa com os defeitos dele. Lembra-se dos bons tempos de solteira; podia tomar suas próprias decisões e gastar o seu dinheiro no que queria. Quanto mais o tempo passa, mais infeliz e desiludida fica.

Norman Wright, no seu livro de aconselhamento pré-nupcial intitulado *Guia de aconselhamento pré-nupcial* (Editora CPAD, 2007), mostra que cada casamento passa por estágios de desilusões. O novo casal entra de cabeça na lacuna entre o que esperavam e no que na realidade está se tornando. Pode ocorrer na lua de mel ou quando estão arrumando os móveis no seu apartamento. Superam tudo, para então descobrir que a desilusão continua a aparecer. Pode ocorrer nos primeiros meses de gravidez; quando seus filhos são pequenos; na mudança da carreira profissional; quando os filhos se tornam adolescentes; quando atingem os 40 ou 50 anos e se o Senhor lhes proporciona uma boa saúde, aos 70 ou 80 anos.

É assim que acontece com um homem e uma mulher. Nenhum deles pode ser Deus para o outro. Ambos têm uma inclinação para o seu próprio egoísmo. Nenhum dos dois está sempre satisfeito em encontrar contentamento em Deus (FILIPENSES 4:11-13). Ambos lutam (e às vezes desistem) com um coração que é tão pecaminoso como a Bíblia apresenta (ROMANOS 7:14-25). E nada expõe mais os defeitos da natureza humana do que o casamento.

A intimidade do casamento. A completa intimidade e identidade compartilhadas em um relacionamento conjugal pode causar desilusão, porque tal grau de proximidade expõe os corações. Ao contrário dos relacionamentos nos negócios, onde os papéis são definidos para permitir que haja uma "distância" profissional, o casamento foi planejado para que haja unidade. O homem e a mulher rapidamente chegam a conhecer um ao outro muito bem. Eles compartilham o prazer sexual, os estágios da gravidez e o nascimento dos filhos, o entusiasmo ao comprar uma nova casa, as boas notícias da promoção do marido; ou a oportunidade que ela tem de fazer algo que gosta. Juntos superam crises de saúde, da educação dos filhos, da adolescência e crises financeiras. Tornam-se tão próximos que sabem até como cada qual se sente e o que o outro está pensando.

Mas essa proximidade tem um lado obscuro. Eles conhecem o melhor e o pior de cada um. A falta de atenção dele e sua absorção com o trabalho deixam-na frustrada. A rejeição dela em ouvir e confiar na opinião e julgamento dele, deixam-no irado. Ela sabe quais palavras vão deixá-lo com raiva ou humilhá-lo. Ele sabe que ela se sentirá ferida com os seus gastos compulsivos, mas o faz de qualquer maneira.

Na intimidade do casamento mostramos o nosso egoísmo, a impaciência, a falta de sensibilidade e a nossa raiva. Tornamo-nos ofensivos, punitivos e ferimos ao outro. A intimidade da união conjugal traz tudo à luz. Expõe-nos diante de nosso cônjuge e, quem sabe de forma mais dolorosa, a nós mesmos. Começamos a compreender que nosso cônjuge não está cumprindo nossos anseios de segurança, afirmação e contentamento.

Sentimo-nos traídos. Confiávamos um no outro. Mas de formas inesperadas, o casamento expôs não somente as falhas do nosso cônjuge, mas as nossas também.

A proximidade do casamento nos revela
como realmente é nosso coração.

Motivos errados para o matrimônio. Muitos homens e mulheres casam-se com motivações erradas, muitas vezes sem se darem conta. Há algumas razões corretas: encontrar companheirismo; ter alguém para amar e cuidar; e entrar num relacionamento por toda a vida, para honrar o Senhor. Mas com o passar do tempo, torna-se óbvio que apesar de que "os opostos se atraem", isto pode tornar-se uma fonte de oposição frustrante.

Suponha que o homem é consciente da sua tendência de ser impulsivo. Ele nunca aprendeu a lidar com o dinheiro. Faz compras compulsivas que o levam à beira do desastre financeiro. Então, escolhe uma parceira que não é apenas fisicamente atraente para ele, mas que também é uma pessoa firme, com autocontrole. Antes do matrimônio, ela parece gostar da forma casual e espontânea como ele enfrenta a vida. Ele, por outro lado, sente-se seguro quando ela está por perto.

Depois do enlace, nenhum deles consegue descobrir o que está acontecendo. Repentinamente, ambos encontram-se numa batalha de vontades com relação ao dinheiro. Ela tem que desempenhar o papel daquela que sempre diz "Não" e, por isso, fica decepcionada com ele. Com isso, sente o isolamento e a pressão de carregar um fardo que deveria ser compartilhado. Casou-se para ser sua esposa, não sua mãe.

O casamento está com problemas porque ele começou este relacionamento por razões equivocadas. Outros motivos errados que uma pessoa pode levar para o casamento são:
- Receber forças para se livrar de um vício.
- Sair de uma situação difícil na casa dos pais.
- Conseguir proteção de um pai dominador.
- Para promover-se em sua carreira.
- Para encontrar a aprovação que tanto deseja.
- Para resolver questões sexuais não saudáveis.

Mais cedo ou mais tarde, esses motivos escusos vão aparecer. E quando aparecerem, conduzirão à desilusão que também está enraizada no comportamento destrutivo no casamento.

Alguns desses padrões destrutivos podem ser:

1. Críticas irritantes. "Melhor é morar numa terra deserta do que com a mulher rixosa e iracunda" (PROVÉRBIOS 21:19). Isso também é verdade com relação a um marido crítico. Ambos podem estar sendo motivados por sentimentos de inferioridade ou pela necessidade de desviar a atenção do comportamento dele ou dela. (Os que têm o vício do alcoolismo geralmente são extremamente críticos com o cônjuge que não bebe. Eles querem "provar" que não são os únicos cujo comportamento é destrutivo).

Tal crítica nos ajuda a ver porque Jesus ensinou a lidar primeiro com nossos próprios pecados antes de "ajudar os outros" com seus problemas (MATEUS 7:1-5). As críticas são fonte perigosa de desilusão quando são usadas para afastar a atenção de nossas próprias falhas.

2. Ira. Explosões de ira, impensadas e muitas vezes motivadas por implicâncias, ameaçam a segurança do casamento. A raiva incontrolada é perigosa para qualquer relacionamento. Provérbios 22:24 nos alerta: "Não te associes com o iracundo, nem andes com o homem colérico." Todavia, quando a ira aparece repentinamente depois da troca dos votos, o parceiro se sente desiludido e enganado.

3. Egocentrismo. Quando um cônjuge sempre quer que as coisas sejam do seu jeito, o resultado é contrário aos caminhos de Deus (FILIPENSES 2:1-4). Isso pode desiludir aqueles que pensaram que o casamento iria propiciar alguém que cuidaria deles.

4. Comportamentos irritantes. O apóstolo Paulo escreveu que o amor "não se conduz inconvenientemente, não procura os seus interesses" (1 CORÍNTIOS 13:5). Assim, quando aparecem insensibilidades egoístas, seja em público ou em particular, um cônjuge não se sente amado. Ele ou ela se sente vulnerável, depreciado, desrespeitado e em perigo. Se nosso "melhor amigo (ou amiga)" nos trata dessa maneira, para onde poderemos escapar dos nossos inimigos?

5. Desonestidade emocional. Um cônjuge pode negar seus sentimentos de frustração ou decepção. A razão percebida pode ser a de não "ferir" a outra pessoa. Entretanto, o motivo mais profundo é o de proteger a si mesmo de feridas ou conflitos futuros. A autoproteção resulta numa falta da verdade, falta de amor e numa crescente distância e frieza que conduz a sentimentos cada vez mais profundos de desesperança.

A decepção aparece em todos os casamentos. É inevitável. Dizer que não aconteceu ou não vai acontecer conosco, significa negar a realidade. A maneira como a enfrentamos quando aparece, pode ser o elemento mais crucial de nosso matrimônio.

4. REALIZAÇÃO

A pergunta chave é: "E agora? Agora que chegamos a este ponto difícil em nosso relacionamento, o que vamos fazer a respeito?" É de vital importância que haja o compromisso do homem e da mulher de enfrentar e resolver as questões que estão gerando desilusão. Pode conduzir ao tipo de reconciliação e aceitação que fará do casamento algo digno de perdurar para a vida toda.

Alguns de nós experimentamos o que significa sentir a frustração e o medo. A relação conjugal está empacada. Não está crescendo.

Mas também vemos que correr para o quarto, bater a porta e ficar ali por horas, não funciona.

Nesse ponto, precisamos compreender que nem tudo está perdido. Ainda há esperança. Na realidade, nossa desilusão nos trouxe até o limiar do verdadeiro amor e segurança que tanto ansiávamos. Todavia, para transpor esse limiar de realização, precisamos...

Deixar que nossa decepção com o casamento nos ajude a enfrentar nossa decepção com Deus. Esse passo não vai ser fácil. Afinal, Deus é aquele diante de quem fizemos nossos votos. Ele é aquele a quem pedimos para abençoar nosso relacionamento conjugal. Entretanto, mais uma vez, parece que Ele nos decepcionou. Talvez perguntemos: "Deveria me surpreender? Ele não permitiu que eu tivesse um pai alcoólatra ou uma mãe que se suicidou? Deveria me espantar que não interviesse e impedisse que eu fosse arrastado para dentro de um casamento difícil? Ele não respondeu às minhas orações. Não mudou o meu cônjuge ou me livrou da solidão arrasadora dentro de mim."

Em seu livro *Lágrimas Secretas* (Editora Mundo Cristão, 1999), o conselheiro cristão Dan Allender escreveu: "Uma pessoa sexualmente abusada contou-me certa vez: 'Quando Deus não interveio para impedir o abusador, Ele perdeu todo direito de exigir que eu faça qualquer coisa. Ele me deve algo; eu não devo nada a Deus'. Suas palavras são fortes e brutais, mas eu creio que representam a postura central do coração que luta com Deus. Ela simplesmente teve a coragem irada de colocar em palavras a luta para compreender a bondade do Senhor, a Sua resposta à injustiça e ao fardo da lei áurea do amor."

Talvez estejamos zangados com o Senhor porque nosso casamento não está andando como esperávamos. Talvez achemos que Deus é responsável ou o acusemos de quebrar Sua promessa de felicidade para conosco. Mas ao lutarmos com isto, estamos pelo menos levando Deus a sério. E nas nossas batalhas, podemos comparar nossa experiência com as histórias de outras pessoas que estavam decepcionadas com o Senhor, antes de encontrar a realização total nele.

A Bíblia fala de um homem, chamado Jó, que pensou que Deus havia sido injusto com ele e de outro chamado José, odiado pelos seus irmãos, vendido como escravo e depois acusado falsamente de tentar estuprar a esposa de seu chefe. Também relata de uma nação inteira que, depois de ser libertada dos campos de trabalho forçado do Egito, concluiu que Deus os havia guiado até um deserto árido a fim de destruí-los. Narra a respeito de Jesus, o Filho de Deus, que na noite antes da Sua traição e morte, implorou ao Pai para libertá-lo do sofrimento que estava para enfrentar. Vemos novamente que a Bíblia nos apresenta pessoas cuja decepção sangra pelas páginas de sua vida.

Mas as Escrituras também mostram continuamente que a decepção pode tornar-se a porta de entrada para a satisfação. Jó viveu ainda o suficiente para ver restaurada e aprofundada a sua confiança em Deus (42:1-6). José viveu o suficiente para dizer àqueles membros da família que haviam feito mal a ele: "Vós, na verdade, intentastes o mal contra mim; porém Deus o tornou em bem, para fazer, como vedes agora, que se conserve muita gente em vida" (GÊNESIS 50:20). Vez após vez os filhos de Israel viram como as experiências amargas e assustadoras se transformaram em um testemunho de poder e bondade de Deus. Jesus suportou a dor ao ponto de dizer no Getsêmani: "...contudo, não se faça a minha vontade, e sim a tua" (LUCAS 22:42).

Ninguém jamais sofreu a traição, a solidão, o abandono e abuso que Cristo sofreu no decurso de Sua vida e morte. Ninguém jamais experimentou o tipo de tratamento injusto que Ele suportou quando pagou o preço pelos nossos pecados. Mas Ele viveu, morreu e ressuscitou dos mortos para declarar, junto com

Jó, José e outros homens e mulheres piedosos de Israel, que no devido tempo, Deus sempre se mostra bom, poderoso e fiel para com aqueles que estão dispostos a confiar nele até o fim. Ele pode fazer o mesmo por nós, em nosso casamento.

Cristo nos mostrou pelo Seu próprio exemplo que não fomos feitos para encontrar a realização ou segurança completa em nenhum relacionamento humano. Ele nos revelou que fomos criados para encontrar nossa proteção e contentamento em Deus, e que somente nesta constatação podemos estar livres para amar e nos submetermos um ao outro.

Com Seu próprio exemplo Cristo também nos ajuda a...

Permitir que nosso relacionamento com Deus se torne a nossa fonte de realização conjugal. Os seguidores de Cristo estão numa excelente posição para enfrentar as questões que trouxeram desilusão ao seu matrimônio. O conselheiro bíblico Larry Crabb escreveu: "A diferença entre pessoas piedosas e não piedosas não é que um grupo nunca se machuca, e o outro sim, ou que um registra mais felicidade do que o outro. A diferença está no que as pessoas fazem com seu sofrimento. Ou fazem o que ocorre naturalmente: usam sua dor para justificar esforços egoístas a fim de aliviá-la, não se importando como afetam a outros e se importam mais se eles próprios se sentem confortáveis; ou fazem o não natural: usam sua dor para compreender melhor e encorajar a outros enquanto se apegam desesperadamente ao Senhor que prometeu libertação, e estão dispostos a fazer de todo o coração a Sua vontade."

Uma vez que aprendamos que nosso bem-estar depende, em última instância, de Deus e não de nosso cônjuge, começaremos a experimentar a força do Senhor. Uma vez que o marido creia que seu relacionamento com Deus é mais importante do que seu relacionamento com sua esposa, começará a encontrar um sentimento pessoal de valor que não depende das respostas ou da afirmação da sua esposa. Ele começará a amá-la a partir do amor que encontrou em Cristo (EFÉSIOS 5:25).

Uma vez que a esposa creia que seu relacionamento com Jesus é mais importante do que seu relacionamento com seu esposo, ela encontrará uma fonte de segurança e aceitação que não depende da habilidade de seu marido em suprir as suas necessidades. Ela pode começar a aceitar seu papel como esposa a partir da convicção que uma submissão com motivação certa é, de fato, uma forma de submeter-se ao senhorio e provisão de Cristo (EFÉSIOS 5:22-24).

Todavia, isso não significa que maridos e esposas piedosos se tornam independentes um do outro. É importante que nós também...

Deixemos nossa dependência de Deus tornar-se a base para amar de forma interdependente. Um esposo e uma esposa que dependem do Senhor, que encontram suas forças e suficiência nele, não vão permanecer excessivamente dependentes um do outro. Nem vão exigir uma independência ruim ou um domínio total.

Deus criou o homem e a mulher como seres únicos, especialmente dotados, feitos à Sua imagem. Nenhum deles deve roubar do outro esta exclusividade concedida por Deus. Mas quando dizem "sim", estão escolhendo dar de si mesmos um ao outro, num relacionamento que deve durar toda a vida.

A Bíblia nos ajuda a compreender como um marido e uma esposa podem se tornar um, mas que também cada qual seja uma pessoa exclusiva feita pelo Senhor. Deus criou a mulher para ser companheira e auxiliadora, da qual seu marido pode depender. Gênesis nos relata: "Não é bom que o homem esteja só; far-lhe-ei uma auxiliadora que lhe seja idônea" (2:18). O texto de Provérbios 31 descreve uma mulher dotada por Deus, que toma iniciativa e faz justamente isso. Ela entrou num empreendimento que seu marido apoiou completamente.

Havia um relacionamento interdependente entre esse casal de Provérbios 31. Deus deu à mulher dons múltiplos, incluindo o bom senso para os negócios. Seu esposo aparentemente não ficou com ciúmes dos dons dela, nem lhe negou o uso deles. Não tentou transformá-la em algo que ela não era. Podemos concluir que ele a amou como a esposa que Deus criou. Ela, por sua vez, usou seus dons de forma que produziu harmonia e sucesso conjugal, bem como sucesso nos seus negócios. As Escrituras dão evidências de que ela respeitava seu marido e os talentos dele como o homem que Deus criou.

Esse tipo de interdependência não parece ser fácil para uma geração que tem visto o divórcio se tornar uma epidemia. Mas para aqueles que encontram sua segurança no Senhor, e para aqueles com motivação certa, é possível que as esposas aceitem e confiem no que a Bíblia diz: "As mulheres sejam submissas ao seu próprio marido, como ao Senhor; porque o marido é o cabeça da mulher, como também Cristo é o cabeça da igreja..." (EFÉSIOS 5:22,23).

A interdependência de maridos e esposas também tem implicações no seu relacionamento sexual. As Escrituras deixam claro que maridos e esposas devem proteger, desfrutar e compartilhar as expectativas mútuas na intimidade do leito conjugal. A dimensão sexual do casamento foi planejada pelo Senhor para trazer prazer contínuo e renovação estimulante ao relacionamento. O sábio autor de Provérbios escreveu estas palavras para os maridos:

Bebe a água da tua própria cisterna e das correntes do teu poço. Derramar-se-iam por fora as tuas fontes, e, pelas praças, os ribeiros de águas? Sejam para ti somente e não para os estranhos contigo. Seja bendito o teu manancial, e alegra-te com a mulher da tua mocidade, corça de amores e gazela graciosa. Saciem-te os seus

seios em todo o tempo; e embriaga-te sempre com as suas carícias
(PROVÉRBIOS 5:15-19).

Quando um homem e mulher se casam, eles têm o direito de esperar satisfação sexual um do outro:

O marido conceda à esposa o que lhe é devido, e também, semelhantemente, a esposa, ao seu marido. A mulher não tem poder sobre o seu próprio corpo, e sim o marido; e também, semelhantemente, o marido não tem poder sobre o seu próprio corpo, e sim a mulher. (1 CORÍNTIOS 7:3,4).

Se um dos cônjuges decide abster-se por um tempo, devem concordar mutuamente e este tempo deve ser limitado:

Não se recusem um ao outro, exceto por mútuo consentimento e durante certo tempo, para se dedicarem à oração. Depois, unam-se de novo, para que Satanás não os tente por não terem domínio próprio (1 CORÍNTIOS 7:5).

Para que haja esse prazer mútuo, maridos e esposas devem confiar um do outro. Quando nos oferecemos um ao outro em amor, o próprio Deus fica satisfeito. Quando falhamos, o prazer vai para Satanás.

OS ATOS DE AMOR

Amor é um motivo e uma ação. O amor de Jesus Cristo pela Igreja o levou à ação: Sua morte sacrificial na cruz. Isso vai resultar na maravilhosa comunhão do céu (APOCALIPSE 19).

Paulo disse aos maridos para amarem as suas esposas (EFÉSIOS 5:25). Instruiu as mulheres mais idosas a ensinarem as mais novas a amar os seus maridos (TITO 2:4). Num casamento, onde o comprometimento está desaparecendo, o amor traduzido em ação pode trazer de volta o brilho à aliança.

Isto nos leva a 1 Coríntios 13. Este capítulo sobre o amor não tem maior aplicação do que no contexto do casamento. Os versículos 4-8 nos falam o que faz o amor. Ao ler estes versículos, considere como eles se aplicam ao seu relacionamento.

O amor é paciente, é benigno; o amor não arde em ciúmes, não se ufana, não se ensoberbece, não se conduz inconvenientemente, não procura os seus interesses, não se exaspera, não se ressente do mal; não se alegra com a injustiça, mas regozija-se com a verdade; tudo sofre, tudo crê, tudo espera, tudo suporta. O amor jamais acaba; Mas havendo profecias, desaparecerão; havendo línguas, cessarão; havendo ciência, passará...

Talvez você queira ler esta passagem novamente. Onde aparece a palavra amor, coloque o seu nome. Agora pergunte a si mesmo se é assim que trata seu esposo ou sua esposa. Isto significa amar.

Pessoas que experimentam a alegria do casamento por 20, 40 ou 50 anos, sem sentir que estão "aturando" o outro, aprenderam a manejar as diferenças que conduzem à desilusão e, quem sabe, ao divórcio. Não estão simplesmente "casados com o casamento" por causa do compromisso, mas porque é realização, recompensa, aventura, um relacionamento amoroso para ambos. Eles permaneceram juntos, em parte, por causa de uma disposição mútua de falar, de se comprometer e de aceitar suas diferenças. Permita-me dar-lhe uma ilustração.

Suponhamos que haja um impasse num relacionamento. Digamos que a esposa é "toda caprichosa" e o homem é um tipo desleixado. As diferenças começam a criar separação entre eles. Ela implica sem cessar; ele se torna um caso sério de "surdez seletiva". Ambos desistem.

O que faria o amor? Ele agiria. Enfrentando o problema e superando o medo, o amor iniciaria o tipo de comunicação que conduziria à resolução, clamando constantemente pela ajuda de nosso Suficiente Deus.

Mas como fazemos isso? Uma das maneiras é ter a determinação de olhar para a questão, pelos olhos do outro. Veja-o da perspectiva do outro. Neste caso, ele precisa lembrar da vida dela no lar e compreender quão insegura se sente quando as coisas estão fora do lugar. Ela precisa admitir que não é um grande crime nem um pecado deixar a camisa numa cadeira. Depois, ambos precisam mudar seus comportamentos.

É verdade. Isso será difícil. Em questões conjugais mais profundas, tais como a ira ou o abuso emocional, pode parecer impossível. Mas os princípios do amor são sustentados por um Deus que é amor (1 JOÃO 4:7,8) e por um Salvador que nos enche com Seu poder.

Em alguns casos, um aconselhamento cristão conjugal pode ser necessário. Não tem problema. O importante é que o amor entra em ação e confia em Deus para dar a bênção a casais que estão dispostos a crer nele.

A REALIDADE POR DETRÁS DO QUADRO

O casamento ilustra o relacionamento entre Cristo e a Igreja. Jesus chamou a Igreja de Sua noiva, e a Bíblia se refere a Ele como o noivo. A Igreja é constituída por todos os que creem em Jesus Cristo como seu Salvador. A lealdade, o amor sacrificial e a fidelidade do marido e da esposa, são representações do relacionamento entre Cristo e a Igreja. A promessa desse "casamento" será cumprida quando Jesus voltar para buscar Sua noiva.

Capítulo 3

ALICERCES BÍBLICOS PARA UM CASAMENTO SÓLIDO

O QUE ALGUMAS PESSOAS DIZEM

Quando a lua de mel termina, muitos casais se encontram em situações em que pensam e dizem coisas que jamais esperariam dizer. Por exemplo:

- "Eu quero sair disto. Esta não é a pessoa com quem eu me casei. A vida é muito curta para ter que suportar todo este sofrimento. Já não somos bons um para o outro."
- "Nós já tentamos de tudo. Nada parece ajudar. Ele simplesmente insiste em fazer tudo conforme ele quer. Não há esperança. A única coisa que resta é desistir."
- "Estamos no terceiro milênio. O casamento já não tem o mesmo significado que tinha. Muitas pessoas já não têm mais uma cerimônia de casamento. Você tenta, e se não der certo, você se separa. Não há motivo para se tornar moralista."
- "Veja como o índice de divórcios é alto. Todo mundo está se divorciando — até mesmo alguns líderes cristãos proeminentes. Por que eu deveria sofrer por causa de um mau casamento? Não vejo por que eu deveria ser uma exceção."
- "O nosso casamento só precisa de um pouco mais de emoção. Estamos muito acostumados um ao outro. Talvez se eu tivesse algum caso extraconjugal, isto 'apimentaria' de volta o nosso relacionamento."
- "Já fomos de um conselheiro a outro. Eu não sei quanto dinheiro gastamos e até fomos ver um pastor. Alguém deve ter a fórmula certa para nós. Suponho que devemos seguir buscando."

- "Eu sei que o nosso casamento por fim vai funcionar. Depois de beber um pouco, consigo tolerar quase qualquer coisa. Isso vai me ajudar a aguentar até que as coisas melhorem."
- "Eu creio que o meu destino é ter uma vida infeliz. Não há nada que eu possa fazer com relação ao meu casamento. Quem sabe quando os filhos saírem de casa, eu também terei coragem de sair. Até lá, simplesmente tenho que fingir que está tudo bem."

O casamento não significa apenas encontrar a pessoa certa, em vez disso, significa ser a pessoa certa.

—CHARLIE SHEDD

Divórcio. Relações extraconjugais. Conselheiros. Álcool. Drogas. Resignação. Estas são apenas algumas das forMas por meio das quais, as pessoas tentam enfrentar as dificuldades de seu casamento. Mas na maioria das vezes, esses esforços para matar a dor, acabam piorando a situação.

"Deus é o único que pode transformá-lo no tipo certo de marido ou mulher, de maneira que você o agrade."

Existe outra forma — um caminho melhor. Mesmo que você esteja a ponto de chamar um advogado. Mesmo que a reconciliação pareça impossível. Você pode buscar Alguém que compreenda o seu coração e o seu problema. Ele criou o casamento. Somente Ele pode oferecer a força interior necessária para dar o primeiro passo.

TUDO COMEÇOU COM DEUS

O casamento foi planejado no céu. Tudo começou no paraíso. Deus viu que a solidão do homem não era boa, por isso Ele criou

"...uma auxiliadora que lhe [fosse] idônea...". E quando Deus lhe trouxe a mulher, o primeiro relacionamento matrimonial teve início. Adão e Eva compartilhavam o maravilhoso jardim do paraíso que Deus criou para eles como marido e mulher. Veja o que a Bíblia diz sobre este começo:

> *Disse mais o Senhor Deus: Não é bom que o homem esteja só; far-lhe-ei uma auxiliadora que lhe seja idônea. [...] Então, o Senhor Deus fez cair pesado sono sobre o homem, e este adormeceu; tomou uma das suas costelas e fechou o lugar com carne. E a costela que o Senhor Deus tomara ao homem, transformou-a numa mulher e lha trouxe* (GÊNESIS 2:18,21,22).

Eva foi criada para ser auxiliadora idônea para Adão. A palavra "auxiliadora" não expressa todo o significado do termo em hebraico. Às vezes, este termo se refere a alguém que ajuda o outro a encontrar a plenitude. Certas vezes, era usado para descrever alguém que vinha em resgate do outro.

A mulher foi feita para o homem a fim de completá-lo — para resgatá-lo da sua solidão.

Em outra ocasião, a palavra foi usada para descrever o próprio Deus. É uma expressão de honra demonstrando que Eva foi dada ao homem para completá-lo e resgatá-lo da sua solidão.

> *Disse mais o Senhor Deus: Não é bom que o homem esteja só; far-lhe-ei uma auxiliadora que lhe seja idônea* (GÊNESIS 2:18).

Como auxiliadora, Eva era a companheira qualificada para Adão. Deus fez a mulher para ser uma amiga e companheira apropriada do homem. Era, como Charles Swindoll, a descreve, a "peça que faltava no quebra-cabeça de sua vida".

Naquele primeiro relacionamento, o nosso Criador deu-nos um padrão realista que determinou os desafios e os pontos essenciais de um casamento saudável.

> Os relatos no livro de Gênesis demonstram o início do casamento e concluem com uma frase que expressa quatro elementos que deveriam ser parte de qualquer relacionamento conjugal (GÊNESIS 2:24,25). São eles:
> - Separação. "Por isso, deixa o homem pai e mãe...". Os parceiros conjugais deixam seus pais.
> - Vínculo. "...e se une à sua mulher...". A imagem do primeiro casamento inclui a ideia de "colar", de um vínculo permanente.
> - Unidade. "...tornando-se os dois uma só carne". Os dois devem considerar-se como um só. As velhas alianças familiares se rompem e se forma uma nova.
> - Intimidade. "...o homem e sua mulher, estavam nus e não se envergonhavam". A falta de autoconsciência os capacitava a desfrutar um do outro e a satisfazer as necessidades mútuas sem o sentimento de vergonha ou rejeição.

DEZ PRINCÍPIOS BÍBLICOS PARA EDIFICAÇÃO

Quando Deus criou o casamento, formou um relacionamento vitalício que deveria encontrar a sua força e perseverança nele. Com o passar do tempo, Ele usou a sabedoria da Sua Palavra para ensinar maridos e mulheres como serem amigos dos seus cônjuges. Nesse processo, deu-nos o entendimento dos alicerces essenciais para construir um casamento forte. São eles:

1. Compromisso vitalício.
2. Identidade compartilhada.
3. Fidelidade absoluta.
4. Papéis bem definidos.
5. Amor sem reservas.
6. Submissão mútua.
7. Satisfação sexual.
8. Comunicação sincera.
9. Respeito afetuoso.
10. Companheirismo espiritual.

Ao refletirmos sobre estes dez princípios de construção, lembre-se de que eles não foram criados pelo homem. São-nos dados pelo próprio Deus. E por ser assim, você pode estar certo de que se você e o seu cônjuge os seguirem, terão um casamento sólido.

Mas talvez o seu cônjuge tenha um ponto de vista diferente do seu no que se refere aos princípios bíblicos ou, ainda, se recusa a aceitar a autoridade da Bíblia. Se ele(a) estiver disposto(a) a ficar junto a você, esta é a sua oportunidade de mostrar-lhe o tipo de marido ou esposa que você pode ser com a ajuda de Deus (1 CORÍNTIOS 7:12-16). Por isso, não ponha a leitura deste livro de lado. Cremos, sinceramente, que ele vai lhe ajudar.

PRINCÍPIO EDIFICADOR N.º 1:
COMPROMISSO VITALÍCIO

O primeiro princípio bíblico edificador para um casamento sólido é o compromisso do homem e da mulher para toda a vida. As Escrituras tornam bem claro que o ideal de casamento para Deus é o relacionamento entre um homem e uma mulher para toda a vida. Com este tipo de compromisso em mente, o Senhor Jesus disse:

...Não tendes lido que o Criador, desde o princípio, os fez homem e mulher e que disse: Por esta causa deixará o homem pai e mãe e se unirá a sua mulher, tornando-se os dois uma só carne? De modo que já não são mais dois, porém uma só carne. Portanto, o que Deus ajuntou não o separe o homem" (MATEUS 19:4-6).

Então, como resposta à pergunta sobre o divórcio, prosseguiu:

...Por causa da dureza do vosso coração é que Moisés vos permitiu repudiar vossa mulher; entretanto, não foi assim desde o princípio. Eu, porém, vos digo: quem repudiar sua mulher, não sendo por causa de relações sexuais ilícitas, e casar com outra comete adultério [e o que casar com a repudiada comete adultério] (vv.8,9).

A não ser por casos específicos de infidelidade conjugal, os votos de casamento é compromisso vitalício — um voto a Deus e um com o outro, que não deve ser quebrado (ECLESIASTES 5:4,5). Casamento é para a vida.

O voto de casamento é a expressão de um compromisso vitalício. "Deste dia em diante" se estende por todo o tempo em que alguém viver.

Considere esta história verídica: um homem e uma mulher estavam casados apenas há um ano quando descobriram que ela tinha esclerose múltipla. Após pensar seriamente a respeito, ela disse ao marido que "lhe concedia a liberdade." Mas ele não a deixou. Os ternos cuidados e amor que ele lhe demonstrou tornaram os seus últimos anos felizes e especiais. Por que agiu assim? Ele respondeu: "Porque quando eu prometi diante de Deus ser fiel 'na alegria e na tristeza, na saúde e na doença', esta era verdadeiramente a minha intenção e como consequência, Deus nos fez incrivelmente felizes."

PRINCÍPIO EDIFICADOR N.º 2:
IDENTIDADE COMPARTILHADA

Um segundo princípio edificador para um casamento sólido é o marido e a mulher verem-se como um só ser. O homem já não vive mais para si mesmo nem a sua mulher vive para si. Agora existe uma nova união, uma nova família, uma nova unidade. Adão expressou esta identidade compartilhada quando Deus lhe trouxe a mulher. Ele disse:

> *Esta, afinal, é osso dos meus ossos e carne da minha carne; chamar-se-á varoa, porquanto do varão foi tomada* (GÊNESIS 2:23).

O versículo seguinte termina com as palavras "...tornando-se os dois uma só carne" (v.24).

Mas nem sempre é fácil viver esta unicidade na vida diária. Isto porque o marido e a mulher têm hábitos diferentes, antecedentes diferentes, pais diferentes, uma educação diferente, diferentes personalidades e cicatrizes emocionais.

O fundamento da unicidade é um compromisso mútuo de atender às necessidades pessoais um do outro.

—LAWRENCE CRABB JR.

Além disso, Eva não era um clone de Adão. Era um ser singular, assim como todo ser humano é único. Não saiu de uma linha de montagem. Era diferente, física e emocionalmente.

Ela tinha necessidades diferentes — necessidades que somente Adão podia satisfazer. E somente ela podia satisfazer as necessidades de Adão.

Num casamento, o homem e a mulher são conduzidos à unidade. Eles se tornam um, combinando-se um ao outro. É definitivo, e no entanto, dá-se num processo. Para a identidade compartilhada amadurecer é necessário tempo, amor, paciência e perdão. E isto tem resultados maravilhosos. O homem e a mulher já não estão sozinhos. São um, mesmo em momentos quando:

- Ele está num quarto de hotel a milhares de quilômetros de distância.
- Ela está com dores durante o trabalho de parto.
- Ele acaba de perder o seu emprego.
- Ela descobre um caroço suspeito.
- Ele recebe uma boa promoção.
- Ela recebe a oferta de um novo emprego.

Os dois são um.

Embora sejam pessoas distintas com grandes diferenças, eles concordaram em seguir o caminho da vida como um só. Eles compartilham uma identidade.

PRINCÍPIO EDIFICADOR N.º 3: FIDELIDADE INCONDICIONAL

O casamento não é apenas um compromisso vitalício entre duas pessoas que têm uma identidade comum, também exige fidelidade total da parte do marido e da mulher. Eles devem ser sinceros um com o outro. A Bíblia não admite vacilações quanto a esta questão. O homem deve ser fiel à sua esposa — e ela a ele. O autor do livro de Provérbios adverte:

Tomará alguém fogo no seio, sem que as suas vestes se incendeiem?
Ou andará alguém sobre brasas, sem que se queimem os seus pés?

Assim será com o que se chegar à mulher do seu próximo; não ficará sem castigo todo aquele que a tocar (6:27-29).

A Bíblia não abre exceções na sua exigência por fidelidade sexual. Paulo falou a Tito que instruísse as mulheres idosas para que elas ensinassem as jovens na igreja a "...amarem ao marido e a seus filhos, a serem sensatas, honestas, boas donas de casa, bondosas, sujeitas ao marido, para que a palavra de Deus não seja difamada" (TITO 2:4,5). Quando uma mulher se casa, ela se compromete a entregar-se somente ao seu marido.

Para o nosso próprio bem e honra a Deus, o adultério é estritamente proibido na Bíblia. O sétimo mandamento dado no monte Sinai dizia: "Não adulterarás" (ÊXODO 20:14). Jesus mencionou este mandamento em Sua conversa com o jovem rico (MATEUS 19:18). E Paulo citou o adultério em primeiro lugar na sua lista dos pecados da carne (GÁLATAS 5:19).

A fidelidade matrimonial é o cumprimento do voto feito diante de Deus e dos homens por ocasião da cerimônia de casamento: "E eu lhe prometo fidelidade." Certo escritor escreveu:

É assim que devemos amar uns aos outros, com um amor comprometido não dependente da felicidade nem de qualquer outra evidência externa de êxito. Onde haverá de começar tal amor senão com aquele tão próximo de nós, o companheiro de vida que escolhemos dentre todas as outras pessoas do mundo para ser o escolhido dos nossos olhos? (O Mistério do Casamento, Mike Mason, Ed. Mundo Cristão, 2005).

Aqui estão algumas implicações de fidelidade incondicional — o terceiro princípio bíblico edificador do casamento:
- Guardaremos os nossos corações um para o outro.
- Manteremos a promessa de lealdade.

- Não procuraremos consolo em um concorrente.
- Não permitiremos que alguém se interponha entre nós.
- Compreenderemos que não pertencemos a nós mesmos.

Pelos padrões atuais, a fidelidade incondicional "não é natural". É claro que não, pois nunca o será neste mundo decaído. Mas para os nossos primeiros pais no paraíso, isso era absolutamente natural. E hoje, será elemento essencial a todo casamento sólido e bem-sucedido.

PRINCÍPIO EDIFICADOR N.º 4:
PAPÉIS BEM DEFINIDOS

A sociedade contemporânea faz um ataque direto ao casamento. E um de seus ataques é contra os papéis tradicionais dentro da família. Diz-se à esposa que como ela tem os mesmos direitos do seu marido, não precisa se submeter a ninguém. Impõe-se uma pressão ao marido para que cuide de si mesmo e não se preocupe com ela. Como consequência, maridos e mulheres precisam de orientação. Eles precisam de respostas às questões básicas sobre os seus papéis específicos. Essas respostas se encontram na Bíblia. E quando são demonstradas em amor, refletem a sabedoria de Deus.

O papel do marido. A Bíblia diz que o marido é o cabeça da mulher. Paulo escreveu:

Quero, entretanto, que saibais ser Cristo o cabeça de todo homem, e o homem, o cabeça da mulher, e Deus, o cabeça de Cristo
(1 CORÍNTIOS 11:3)

...porque o marido é o cabeça da mulher... (EFÉSIOS 5:23).

Embora este princípio seja um dos mais mal interpretados e mal utilizados das Escrituras, isto não precisa ser assim. A liderança bíblica não é ditatorial ou cegamente egoísta. Perante Deus, a liderança deve:

- Ser exercida em amor (EFÉSIOS 5:25; COLOSSENSES 3:19);
- Seguir o exemplo do amor de Cristo pela igreja (EFÉSIOS 5:25);
- Ser desempenhada com compreensão (1 PEDRO 3:7);
- Ser praticada sem amargura (COLOSSENSES 3:19);
- Amar o cônjuge como a si mesmo (EFÉSIOS 5:28).

A liderança dentro do casamento não significa que o marido é superior. O mesmo versículo que diz que o homem é o cabeça da mulher, também afirma que Deus é o cabeça de Cristo (1 CORÍNTIOS 11:3). E nós sabemos que eles são iguais em Sua natureza. Ambos são plenamente Deus.

A posição de liderança do marido é funcional. Ajuda o casamento a dar certo. Quando entendida e expressada no espírito de Cristo, desempenha um papel de servo. A liderança também traz consigo uma grande responsabilidade. O marido deve prover uma liderança amorosa, compreensiva, sacrificial, paciente e que honre a Deus.

O papel da esposa. A Bíblia instrui a mulher para submeter-se à liderança de seu marido de maneira decidida e sábia. Por exemplo:

As mulheres sejam submissas ao seu próprio marido, como ao Senhor (EFÉSIOS 5:22; COLOSSENSES 3:18).

Mulheres, sede vós, igualmente, submissas a vosso próprio marido... (1 PEDRO 3:1).

...a fim de instruírem as jovens recém-casadas a amarem ao marido e a seus filhos [...] sujeitas ao marido... (TITO 2:4,5).

Deus fez o homem e a mulher unirem-se num relacionamento satisfatório e completo. Ele primeiro criou Adão (1 TIMÓTEO 2:13) e o criou para ser o cabeça (1 CORÍNTIOS 11:3; EFÉSIOS 5:23). Adão deveria usar a sua força física e as suas responsabilidades espirituais para o bem de Eva; e ela, por sua vez, deveria estar pronta para ajudá-lo a cumprir o papel que Deus lhe dera e suas responsabilidades (GÊNESIS 2:18; 1 CORÍNTIOS 11:8,9).

Uma mulher se prejudica se não sente alegria em ajudar o homem a exercitar uma liderança de amor e consideração no lar. Apesar de ela poder sentir dificuldade em aceitar até mesmo as boas iniciativas do seu marido, precisa demonstrar que a sua maior confiança está depositada no próprio Deus.

O casamento é melhor quando o marido e a mulher aceitam os seus papéis. É uma necessidade funcional, exemplificada na orientação vinda de Deus. Considere estas palavras de Cristo: "...o Pai é maior do que eu" (JOÃO 14:28). Entretanto, Ele também disse: "Eu e o Pai somos um" (JOÃO 10:30).

Jesus veio à Terra para cumprir de maneira exata e detalhada a vontade e o plano do Pai. Embora fosse igual ao Pai, Ele se submeteu à liderança de Deus.

Este relacionamento entre a divindade é o modelo que traz o cenário para a compreensão do padrão divino para o casamento.

PRINCÍPIO EDIFICADOR N.º 5:
AMOR SEM RESERVAS

O quinto princípio edificador de construção de um casamento sólido é o amor — genuíno, sincero, que persiste em todas as provas, "até que a morte os separe". Um marido e uma mulher devem amar-se um ao outro com o tipo de amor sem reservas que os leva a honrar um ao outro, a estimar um ao outro, a considerar o bem-estar do outro acima do próprio bem-estar, e a permanecer ao lado do cônjuge em meio aos altos e baixos, que ocorrem em toda vida conjugal.

A Bíblia ordena especificamente ao *marido* que ame a sua esposa. Paulo o disse de forma sucinta na carta de Colossenses 3:19: "Maridos, amai vossa esposa…" (Veja também Efésios 5:25). Espera-se que a esposa também ame o seu marido. Você se lembrará, por exemplo, de que as mulheres idosas de Creta foram admoestadas a instruir as jovens recém-casadas "…a amarem ao marido" (TITO 2:4).

O amor entre o marido e a mulher, que cresce no transcorrer dos anos de um casamento, não ocorre automaticamente com a repetição dos votos ou o uso de uma aliança. O amor precisa ser cultivado! É verdade, muitos sentimentos profundos e maravilhosos são experimentados por um casal que se enamora e que se casa. Entretanto, à medida que o tempo passa, eles descobrem que o amor tem uma dimensão mais profunda e prática do que apenas o aspeto romântico e que devem cultivar o amor um com o outro.

O padrão bíblico do amor cristão está descrito em 1 Coríntios 13 (conforme visto no capítulo 1 e melhor explicado no capítulo 4). "Mas espere um minuto — você dirá — eu estou fazendo a minha parte, mas o meu cônjuge não está fazendo a dele. Você quer que eu continue a amá-lo quando ele por sua vez não me ama?"

Este amor pode mudar a sua vida, marido ou mulher desiludidos. Pode não mudar o seu cônjuge, mas lhe dará todas as razões para que ele ou ela perceba que você ainda está do lado dele. Estes princípios de amor não são dados somente para que um casamento funcione. Eles nos são dados por um sábio Pai celestial que, acima de tudo, quer que tenhamos um bom relacionamento com Ele.

É difícil amar quando parece que o amor flui somente numa direção. É difícil quando você é o único que dá, sacrifica e persiste. É difícil quando o ego de seu cônjuge, seu orgulho ou egoísmo não retribuem o seu amor. Você tenta falar a respeito, mas nada acontece. Você está prestes a desistir.

Se esta é a sua situação, pense no sofrimento do Senhor Jesus por nós. Se alguma vez alguém teve toda a razão para deixar de amar, foi Ele. Mas Ele nos amou sem reservas, ao ponto de morrer na cruz em nosso lugar. Este é o tipo de amor que devemos ter.

PRINCÍPIO EDIFICADOR N.º 6:
SUBMISSÃO MÚTUA

Alguns comentaristas do texto bíblico deram muita ênfase à submissão das esposas aos seus maridos. Entretanto, ao acentuar a responsabilidade da mulher, eles falharam em ver que a passagem em Efésios 5 é precedida pelas seguintes importantes palavras:

> *E não vos embriagueis com vinho, no qual há dissolução, mas enchei-vos do Espírito [...] sujeitando-vos uns aos outros no temor de Cristo* (EFÉSIOS 5:18,21).

Estes versículos foram escritos há mais de dois mil anos pelo apóstolo Paulo aplicando o princípio de submissão mútua, para toda a comunidade cristã, aos vários relacionamentos. Não é de surpreender que ele tivesse reparado que o primeiro relacionamento que precisava deste espírito de submissão mútua era o casamento.

A submissão e o amor caminham juntos. Sabemos que Deus é amor, mas como sabemos que Ele nos ama? Porque Cristo seguiu até à cruz com grande humildade e submissão (FILIPENSES 2:5-8).

Num casamento cristão, o marido e a mulher, por amarem a Deus, estão submissos à vontade de Deus para eles. Encontram-se num processo, no qual devem esquecer-se de si mesmos e submeter-se ao Senhor, e um ao outro. Ter a "mente de Cristo" resulta em mútua submissão. Embora haja inúmeras maneiras de expressar esta atitude, ela no mínimo significa que o casamento:
- É dar e receber — e não apenas receber;
- É muitas vezes difícil;

- É não pensar apenas em si;
- É ser servo;
- É saber quando ceder por amor;
- É ajudar quando o cônjuge está cansado;
- É importar-se com a dor do outro.

O que isto quer dizer? Pode significar que a mulher precisa ver as tarefas rotineiras como algo que não é "responsabilidade" dela. Sob o olhar divino, ela é muito mais do que a "empregada" da família.

Mas isto também significa que o marido não deve considerar a sua casa como o seu castelo e que todos os que nela moram, incluindo a sua esposa, como os seus súditos. Antes, tendo a mente de Cristo, o marido deve ver a sua própria casa como o local onde ele tem a melhor oportunidade para humilhar-se — para ser servo.

Afinal, em cada situação da vida — incluindo o lar — os cristãos devem agir assim. A submissão mútua é um sólido alicerce que fará o casamento dar certo!

PRINCÍPIO EDIFICADOR N.º 7:
SATISFAÇÃO SEXUAL

No jardim do Éden, onde tudo começou, Adão e Eva compartilharam uma maravilhosa intimidade: "...o homem e sua mulher, estavam nus e não se envergonhavam" (GÊNESIS 2:25). Além do mais, o mandamento de encher a terra veio *antes* da queda. Portanto, a intimidade e a satisfação física mútua sempre foram parte do relacionamento entre marido e mulher.

O marido e a mulher devem encontrar realização sexual um no outro. A Bíblia nos dá as seguintes perspectivas:

A intimidade protege. O marido e a esposa devem reservar essa intimidade especial um para o outro e devem entregar-se livremente. Paulo escreveu: "...Mas por causa da impureza, cada um tenha a sua própria esposa, e cada uma, o seu próprio marido" (1 CORÍNTIOS 7:2).

Não é preciso dizer que estamos vivendo numa época de promiscuidade sexual. Existem poucas restrições. Desde os *outdoors* até emissoras de televisão e revistas, os relacionamentos estão se "sexualizando".

Um marido e sua esposa que mantêm uma intimidade, protegem um ao outro de uma sociedade sexualmente obcecada. Eles protegem a sua própria fidelidade.

Pensar corretamente sobre a intimidade conjugal
dá suporte à sua completa apreciação.
—CHARLES SWINDOLL

É agradável. Depois de dar uma severa exortação a respeito da prostituição, o sábio autor de Provérbios escreveu estas palavras aos jovens maridos:

Bebe a água da tua própria cisterna e das correntes do teu poço. Derramar-se-iam por fora as tuas fontes, e, pelas praças, os ribeiros de águas? Sejam para ti somente e não para os estranhos contigo. Seja bendito o teu manancial, e alegra-te com a mulher da tua mocidade, corça de amores e gazela graciosa. Saciem-te os seus seios em todo o tempo; e embriaga-te sempre com as suas carícias (5:15-19).

O aspecto sexual do casamento não é um mal necessário que deve ser suportado, com o propósito de procriação. Ele foi projetado por Deus para trazer prazer contínuo — uma parte íntima, estimulante, renovadora do relacionamento entre marido e mulher.

Deve ser esperada. Quando um homem e uma mulher se unem em casamento, cada um deles tem o direito de esperar do outro a satisfação sexual. Paulo escreveu:

O marido conceda à esposa o que lhe é devido, e também, semelhantemente, a esposa, ao seu marido. A mulher não tem poder sobre o seu próprio corpo, e sim o marido; e também, semelhantemente, o marido não tem poder sobre o seu próprio corpo, e sim a mulher (1 CORÍNTIOS 7:3,4).

O apóstolo seguiu dizendo que se um dos parceiros matrimoniais decide abster-se, ele deve fazê-lo com a aprovação do outro. Mais ainda, o tempo de abstinência deve ser breve.

A satisfação sexual é uma parte importante do casamento. A experiência sexual conjugal motivada pelo amor não é má. Não devemos fazê-la mais importante do que é nem tão pouco minimizá-la. Ela faz parte do todo — uma parte íntima da identidade compartilhada do homem e da mulher que se uniram em casamento.

PRINCÍPIO EDIFICADOR N.º 8:
COMUNICAÇÃO SINCERA

Certa pesquisa feita há alguns anos descobriu que 87% dos maridos e mulheres entrevistados disse que o maior problema em seu casamento era a comunicação. A porcentagem provavelmente seria a mesma nos casamentos dos cristãos. A esposa fica frustrada porque não consegue fazer o marido falar. O marido pensa que não vale a pena porque a sua esposa já está decidida sobre o que quer.

Aqui estão algumas das razões pelas quais os maridos e as esposas não se comunicam de forma efetiva:
- Acostumam-se um ao outro;
- Querem evitar o confronto;
- Estão obcecados com seus próprios interesses;
- Sentem-se manipulados;
- Estão muito ocupados para se dedicar;
- Não querem ferir ao outro.

Porém, para que um casamento seja sólido, as barreiras da comunicação devem ser demolidas. E uma das formas de consegui-lo é seguir o exemplo de Cristo. Você se lembrará de que os maridos foram instruídos a amar as suas esposas como Cristo amou a igreja. Dois aspectos do relacionamento do Salvador com a igreja podem ser aplicados ao casamento.

Cristo, o maior Comunicador. Ele é o Verbo vivo de Deus (JOÃO 1:1-4). Veio para revelar a Deus por meio da palavra e do exemplo. Ele revelou a vontade e o caráter do Pai ao homem.

Cristo também está envolvido num contínuo processo de comunicação com a Igreja. Ele está assentado no céu, convidando-nos para achegarmo-nos "...confiadamente, junto ao trono da graça..." (HEBREUS 4:16) para contar a Deus o que está em nosso coração e permitir que Ele conheça as nossas necessidades.

De que maneira o exemplo de comunicação de Cristo com a Sua Igreja pode ser aplicado ao casamento?

- Os maridos precisam falar com as suas esposas.
- As esposas precisam falar com os seus maridos.
- Ambos deveriam sentir-se livres para responder ao outro de forma honesta.
- Todo problema deveria ser confrontado.
- Deveria ser dado o devido valor às oportunidades para conversar.

Sem uma comunicação aberta e saudável, será difícil para o casamento ser bem-sucedido.

Cristo é o Cabeça. Lemos em Colossenses 1:18 que Cristo "...é a cabeça do corpo, da igreja". A cabeça deve estar em contato com todas as partes do corpo para que este funcione bem. Por meio do sistema nervoso, ela envia e recebe as informações. Diz ao dedo quando deve se mover; recebe a informação quando o dedo sente dor. Se, falta a comunicação, o corpo não pode funcionar como uma unidade.

O mesmo sucede no casamento. O homem, sendo o cabeça da casa, deve comunicar-se com a sua esposa. E ela por sua vez, deve sentir-se livre para comunicar-se com ele. A não ser que haja uma comunicação de duas vias como existe entre Cristo e os Seus, o casamento experimentará dificuldades.

O psicólogo, Paul Tournier, fez esta observação a respeito da comunicação conjugal:

Sem dúvida alguma, eles [o marido e a esposa] falam a respeito de tudo, de maneira objetiva, sobre fatos e ideias, sem dúvida é nisto que o marido está interessado. Para a mulher, um verdadeiro diálogo significa falar a respeito de seus sentimentos — os seus próprios sentimentos. Mas ainda mais importante, sobre os sentimentos do marido os quais ela quer compreender, mas que ele não sabe como explicar (Para melhor compreender-se no matrimônio, Editora Sinodal, 1991).

O que fazer quando você sente que o seu cônjuge não o ouve? Veja estas sugestões:
- Fale de sua necessidade de comunicar-se;
- Não volte a mencionar conversas antigas;
- Inicie com um fato concreto;
- Em seguida, passe para os sentimentos que envolvem o fato.

É difícil conversar honestamente em todos os níveis, mas a dor e o esforço valem a pena. Comunicação sincera e aberta é um alicerce essencial para o casamento.

PRINCÍPIO EDIFICADOR N.º 9:
RESPEITO AFETUOSO

Algumas vezes, os cônjuges são como os personagens do livro *O Médico e o Monstro* (Robert L. Stevenson, Ed. Martin Claret, 2002). Em público, são atenciosos, dispostos a perdoar, pacientes e dóceis. Mas uma vez que estão detrás das portas fechadas de sua casa eles se tornam temperamentais, rudes e não perdoadores. Os seus parceiros desejariam ser tratados da mesma forma como eles tratam às pessoas mais distantes.

Na carta de Efésios 4:31,32 o apóstolo Paulo escreveu:

Longe de vós, toda amargura, e cólera, e ira, e gritaria, e blasfêmias, e bem assim toda malícia. Antes, sede uns para com os outros benignos, compassivos, perdoando-vos uns aos outros, como também Deus, em Cristo, vos perdoou.

Esta passagem certamente se aplica aos maridos e mulheres num relacionamento conjugal. Falando às esposas, Paulo disse: "...a esposa respeite ao marido" (EFÉSIOS 5:33). O apóstolo Pedro disse às esposas para serem submissas aos seus maridos e inclusive que imitassem o comportamento de Sara, que "...obedeceu a Abraão, chamando-lhe senhor..." (1 PEDRO 3:5,6) — uma imagem de seu respeito por ele.

Pedro em seguida falou aos maridos no versículo 7 e recomendou que eles também respeitassem as suas esposas e lhes deu três instruções:

1. *"...igualmente, vivei a vida comum do lar, com discernimento...".* Ele estava dizendo: "Busque conhecer bem a sua esposa para que possa respeitar os seus sentimentos." Este deveria ser o objetivo do marido. Ele deveria saber o que a agrada e conforta e também o que a fere e irrita. Esta compreensão

especial pode, então, ser usada para a sua edificação e não para a sua destruição.

2. *"...tendo consideração para com a vossa mulher como parte mais frágil..."*. Se um homem vai carregar cinco recipientes e sabe que um deles é mais frágil do que os outros, ele vai carregar o mais frágil com mais cuidado. É assim que um marido deveria tratar a sua esposa. Deveria dar-lhe honra especial e respeito. Marido, compre presentes para sua esposa, envie-lhe flores, lembre-se do aniversário dela e leve-a a lugares especiais.

3. *"...sois, juntamente, herdeiros da mesma graça de vida..."*. Os dons da vida não devem ser só desfrutados pelos maridos. Eles foram dados por Deus de forma igual para ambos e deveriam ser compartilhados. Um homem deve respeitar a sua mulher e não privá-la da alegria da vida que Deus criou também para ela.

PRINCÍPIO EDIFICADOR N.º 10:
COMPANHEIRISMO ESPIRITUAL

Finalmente, e talvez o fator mais importante, o casal cristão deveria ver um ao outro como companheiros espirituais. Eles estão fazendo juntos uma caminhada espiritual pela vida, seguindo de mãos dadas como filhos de Deus em direção à maravilhosa eternidade com o Senhor, que os aguarda. Que diferença faz num casamento quando há um marido piedoso e uma esposa dedicada! Ninguém pode medir o quanto eles ajudam um ao outro espiritualmente, ao caminharem juntos pela estrada da vida.

A dimensão espiritual estava incluída nas passagens a respeito do casamento que vimos anteriormente. Falando aos maridos sobre as suas mulheres, Paulo escreveu:

Maridos, amai vossa mulher, como também Cristo amou a igreja e a si mesmo se entregou por ela, para que a santificasse, tendo-a purificado por meio da lavagem de água pela palavra, para a apresentar a si mesmo igreja gloriosa, sem mácula, nem ruga, nem coisa semelhante, porém santa e sem defeito. Assim também os maridos devem amar a sua mulher como ao próprio corpo. Quem ama a esposa a si mesmo se ama (EFÉSIOS 5:25-28).

No casamento deve haver uma dimensão de purificação, de limpeza. Assim como a Igreja é purificada por causa de Jesus Cristo, assim a esposa deveria ser edificada pela influência do relacionamento com o marido.

E como se consegue isto? Da mesma maneira como Cristo ajudou a Igreja: Ele a amou e entregou-se por ela. Amor e sacrifício — diferenciam o casamento e tornam possível o verdadeiro companheirismo espiritual.

O apóstolo Pedro também mencionou a dimensão espiritual quando escreveu sobre o casamento. Ele concluiu dizendo: "…para que não se interrompam as vossas orações" (1 PEDRO 3:7). À medida que o marido compreende a sua mulher, dando-lhe honra e vendo-a como coerdeira da graça da vida, ele será capaz de orar com poder. Se assim não for, Pedro diz que as orações do marido serão "interrompidas". A oração que não reflete o companheirismo espiritual não terá valor.

Aqui estão algumas qualidades que estarão presentes num casamento, no qual o marido e a mulher são companheiros espirituais:
- Adorar o mesmo Deus;
- Buscar conhecer a vontade do Senhor, juntos;
- Prestar contas a Cristo;
- Educar juntos os seus filhos;
- Orar um pelo outro;
- Encorajar a fé um do outro.

À medida que o marido e a mulher se aproximam cada vez mais do Senhor por meio da oração, da leitura da Bíblia, da comunhão e da submissão a Cristo, eles também se aproximarão mais um do outro. Este relacionamento pode ser representado por um triângulo. Quanto mais o marido e a mulher achegam-se a Deus, mais aprofundam o seu relacionamento e isto agrada ao Senhor.

CINCO FATOS SOBRE O CASAMENTO

Os pastores e os conselheiros matrimoniais ouvem os maridos e as mulheres fazerem afirmações falsas repetidamente. Aqui estão cinco fatos sobre o casamento que frequentemente são questionados pelos cônjuges que estão sob estresse.

1. **Você *não* está casado com a pessoa errada.** Algumas vezes não demora muito até que a esposa comece a se perguntar se casou com o homem certo ou o marido começa a pensar que cometeu um erro. Isto acontece frequentemente neste período de ajustamento no qual as expectativas idealistas para o casamento não se alinham com a realidade.
- O marido descobre que ela detesta cozinhar.
- A esposa descobre que ele não tem qualquer habilidade mecânica.
- Cada um descobre que o outro pode ser teimoso, se ofende com facilidade, é depressivo ou raivoso.
- Os cônjuges têm pontos de vista diferentes quanto às finanças.

Você começa a se convencer de que se casou com a pessoa errada. Mas esta não é mais a questão, pois o compromisso é para a vida inteira. Agora a sua responsabilidade perante Deus é, com exceção de casos extremos de infidelidade, a de permanecer com a pessoa com a qual você se casou (MATEUS 19:4-9; 1 CORÍNTIOS 7:10-14).

2. A falha dele em liderar a casa, *não* é uma desculpa para você. A jovem esposa disse: "Bem, se ele pelo menos liderasse a casa como deveria, nós poderíamos ajustar as coisas. Mas ele não quer, e eu tenho que tomar as decisões e ele as critica. Eu não aguento por mais tempo."

Ela tem razão a respeito de uma coisa. O seu esposo deveria tomar iniciativa. Ele deveria assumir a liderança, especialmente em questões espirituais.

Mesmo assim, a sua falha de liderança não é uma desculpa para que ela seja desobediente. A sua responsabilidade diante do Senhor ainda é a de ser uma mulher amorosa, de crescente beleza interior (1 PEDRO 3:1-6). Se ela usa a falha do marido em liderar como uma desculpa para o seu próprio comportamento desfavorável, também está falhando da mesma maneira que ele.

3. A falha dela em se submeter, *não* é uma desculpa para você. Alguns maridos têm uma desculpa incorporada para cada uma de suas falhas ou erros, e culpam as suas esposas.

- "Ela é sempre tão santa. Ela me corrige, cada vez que eu procuro liderar as devocionais familiares. É culpa dela se nós não as temos mais."
- "Ela quis esta casa. Eu concordei porque sabia que isto lhe agradaria. É culpa dela que estamos tendo problemas financeiros."

Quando um homem começa a falar desta forma, ele está recusando aceitar a sua responsabilidade no processo de tomar decisões na família. É verdade, ela contribuiu para isso. Quem sabe, foi insistente. Mas isto não é desculpa para o marido. Ele tem que parar de culpar a esposa e começar a fazer o que é certo diante de Deus.

4. O sexo *não* é tudo o que lhe interessa. Algumas vezes, uma esposa atarefada e muito ocupada começa a pensar que tudo o que interessa ao marido é satisfazer as suas próprias necessidades

sexuais. Este sentimento talvez se torne mais acentuado, se eles se encontram em uma das seguintes circunstâncias:
- Ele passa tempo demais no seu trabalho;
- Ela não conta com a ajuda dele nas tarefas de casa;
- Ele ignora as necessidades dos filhos;
- As suas agendas estão repletas de compromissos.

Embora seja verdade que ele talvez precise de um lembrete de que a sua esposa apenas tem energia para fazer o trabalho dela, também é verdade que ela às vezes não se preocupa pelo interesse sexual do seu marido. Em muitos casos, ambos necessitam um pouco de ajuste. Ela necessita dar-lhe o benefício da dúvida, e também falar com ele sobre as suas necessidades. Alguns casais precisam planejar um encontro regular ou, se as finanças permitirem, passar uns dias longe, sem as crianças.

5. Ela *não* se preocupa somente com a aparência. Uma quinta verdade sobre o casamento é que muitas mulheres preocupam-se mais com a aparência. Mas muitos maridos não creem nisso e argumentam:
- "Ela sempre quer comprar algo novo para a casa."
- "Ela demora muito para se decidir por um vestido."
- "Ela insiste que os móveis da cozinha necessitam de manutenção. Para mim, ainda estão bem!"
- "Ela demora uma eternidade até que esteja pronta para ir a algum lugar. Chegamos sempre atrasados!"
- "Ela adora fazer compras e gastar o meu salário, ganho com tanto esforço, em pequenas coisas."

É verdade que muitas mulheres estão mais interessadas nas aparências do que em seus maridos. E o apóstolo Pedro falou com franqueza às mulheres sobre o perigo de colocar muita ênfase na aparência exterior quando deveriam dar mais atenção ao "...homem interior do coração..." (1 PEDRO 3:4). Homens, sejamos realistas. Precisamos da ajuda das nossas mulheres. Alguns de nós somos "desleixados". Se formos honestos, admitiremos que gostamos da atenção que elas dão aos detalhes.

LISTA DE AVALIAÇÃO PARA OS MARIDOS

Marido, agora que você leu o que a Bíblia ensina sobre o seu papel e as suas responsabilidades no casamento, tome alguns minutos para avaliar a si mesmo. Qualifique, circulando o número apropriado: 5-excelente; 4-muito bom; 3-bom; 2-insuficiente; 1-reprovado.

1) Considero que deixei pai e mãe para me unir à minha esposa.
[1] [2] [3] [4] [5]

2) Vejo a minha esposa como minha parceira em cada fase da minha vida.
[1] [2] [3] [4] [5]

3) Faço todo o possível para ser fiel a ela em pensamentos e atitudes.
[1] [2] [3] [4] [5]

4) Procuro dar à minha esposa o tipo de liderança amorosa que Cristo deu à Sua Igreja.
[1] [2] [3] [4] [5]

5) Sacrifico muitas vezes os meus interesses para o bem-estar de minha esposa.
[1] [2] [3] [4] [5]

6) Digo muitas vezes que a amo e o demonstro por meio de pequenas coisas.
[1] [2] [3] [4] [5]

7) Preocupo-me com os seus sentimentos e a escuto quando ela fala a respeito deles.
① ② ③ ④ ⑤

8) Procuro falar algo agradável para a minha esposa todos os dias e não vou dormir zangado com ela.
① ② ③ ④ ⑤

9) Eu não uso as falhas da minha esposa para justificar os meus próprios fracassos.
① ② ③ ④ ⑤

10) Converso com ela sobre questões espirituais e oro por e com ela.
① ② ③ ④ ⑤

Agora permita que a sua esposa o avalie. Esteja aberto às áreas que precisem melhorar.

LISTA DE AVALIAÇÃO PARA AS ESPOSAS

Esposa, agora que você leu o que a Bíblia ensina sobre o seu papel e as suas responsabilidades no casamento, você desejará parar e avaliar como está se saindo. Qualifique a si mesma, circulando o número apropriado: 5-excelente; 4-muito bom; 3-bom; 2-insuficiente; 1-reprovada.

1) Não me permito pensar que casei com a pessoa errada.
[1] [2] [3] [4] [5]

2) Deixei a meu pai e minha mãe e compartilho a identidade com o meu marido.
[1] [2] [3] [4] [5]

3) Estou comprometida a fazer o nosso casamento durar até a morte nos separar.
[1] [2] [3] [4] [5]

4) Não faço uso da satisfação sexual como um meio para conseguir o que quero.
[1] [2] [3] [4] [5]

5) Estou disposta a submeter-me à posição de liderança de meu marido.
[1] [2] [3] [4] [5]

6) Sinto que a beleza interior é mais importante do que a atração física.
[1] [2] [3] [4] [5]

7) Demonstro respeito ao meu marido em minhas atitudes e ações.
[1] [2] [3] [4] [5]

8) Faço pequenas coisas para ele que eu sei que lhe agradarão.
[1] [2] [3] [4] [5]

9) Não uso as falhas de meu marido para justificar os meus erros.
[1] [2] [3] [4] [5]

10) Sou companheira espiritual de meu marido e oro com e por ele.
[1] [2] [3] [4] [5]

Agora peça ao seu marido para avaliá-la nessas áreas e compare as suas observações. Seja honesta e aberta às melhorias.

DÊ O PRIMEIRO PASSO

Você tem um bom casamento? Se existem problemas sérios e não solucionados, será que você não tentou resolvê-los sozinho? Se for assim, deixe-me incentivá-lo a voltar ao seu Criador e Salvador. Admita que você piorou as coisas e que não pode seguir sem Ele. Deixe o seu orgulho e a sua teimosia. Confesse o seu pecado a Deus. Peça-lhe que o ajude a incluir em seu casamento os dez princípios bíblicos edificadores que mencionamos neste capítulo. E permita que o seu cônjuge saiba o que você fez — mesmo que isto signifique quebrantamento de espírito para recomeçar.

Capítulo 4

O QUE É AMOR VERDADEIRO?

Quando Jackie Deshannon cantou: "O que o mundo necessita nestes dias é amor, doce amor", muitos de sua geração uniram-se a ela nessa canção. De acordo com esta música, o mundo não precisa de mais montanhas para escalar nem rios para atravessar. Precisamos é de amor, "não só para alguns, mas para todos."

O tema deste sucesso de 1960 atinge uma nota que ressoa em todos nós. Cada ano compramos milhões de rosas e caixas de bombons para o Dia dos Namorados. Juntamos recursos financeiros para colaborar com comunidades que foram devastadas por furacões, incêndios, enchentes ou terremotos. Aplaudimos ações de pessoas como Russell Plaisance, de 75 anos. Ele tentou ajudar uma família problemática cuja situação tinha sido descrita no jornal de sua cidade. Tentando demonstrar um pouco de amor, o Sr. Plaisance levou dinheiro, alimentos e brinquedos ao hotel onde a família estava hospedada.

Infelizmente, poucos dias depois, o chefe da família favorecida pela bondade do Sr. Russel o atacou com uma faca e roubou-lhe a carteira e também seu carro.

A experiência vivida por este homem ajuda a explicar porque o mundo precisa tanto de amor. Se o amor que é oferecido, sempre fosse devolvido, haveria amor suficiente para contagiar todas as pessoas. Se o amor sempre vencesse, a maioria de nós se inspiraria a agir com bondade nas piores circunstâncias. Nem sempre o amor é retribuído.

Porém, quando é retribuído, ele é redefinido para atender nossos próprios interesses. O amor geralmente significa coisas diferentes para cada indivíduo. Dependendo de quem fala, pode significar:

- Um sentimento que pode não durar;
- Um eufemismo para uma relação sexual;
- Autossacrifício em favor de outros;
- Aceitação sem críticas;
- Ser mais honesto do que agradável.

O amor é algo muito maravilhoso. Mesmo em nossas conversas habituais, que todos compreendemos, usamos a palavra *amor* quando queremos nos referir a uma gama de sentimentos. Por exemplo, posso dizer:
"Amo jogar golfe;"
"Amo meu computador;"
"Amo minha esposa e filhos;"
"Amo meu time" (bem, pelo menos amava!).
É óbvio que o amor tem significados diferentes para cada indivíduo, do mesmo modo todos nós usamos esta palavra com significados diferentes. O perigo surge quando uma palavra com tantos significados diferentes, acaba sem significado algum. Duas pessoas podem comprometer-se a amar uma a outra, e ainda assim ter ideias deferentes sobre o que este compromisso significa.

O amor é realmente nunca ter que dizer que você está arrependido?

Também é perigoso supor que devido à imprevisibilidade do amor, há coisas mais importantes para se pensar. Mas neste ponto a sabedoria da Bíblia é clara. Escrevendo para pessoas em grande dor provocada pela ira e pelos conflitos, o apóstolo Paulo afirmou:

Ainda que eu fale as línguas dos homens e dos anjos, se não tiver amor, serei como o bronze que soa ou como o címbalo que retine. Ainda que eu tenha o dom de profetizar e conheça todos os mistérios e toda a ciência; ainda que eu tenha tamanha fé, a ponto de transportar montes, se não tiver amor, nada serei. E ainda que eu distribua todos os meus bens entre os pobres e ainda que entregue o meu próprio corpo para ser queimado, se não tiver amor, nada disso me aproveitará (1 CORÍNTIOS 13:1-3).

Estas palavras foram escritas a pessoas que sabiam da importância do compromisso e sacrifício pessoal. Os primeiros leitores desta carta, os cristãos de Corinto, sabiam da importância da fé, do conhecimento, dos dons espirituais, de líderes fortes e mensagens encorajadoras.

Sem amor, nossas palavras são apenas barulho,
os dons espirituais equivalem a nada e
os maiores sacrifícios perdem o significado.

O problema é que as pessoas daquela cidade eram muito semelhantes a nós. Ao procurarem seus próprios interesses, perderam de vista o alvo de sua fé e conhecimento. Esqueceram que é possível estudar as Escrituras e buscar os dons do Espírito Santo e ao mesmo tempo perder a intimidade com Deus. Em sua busca por realizações, esqueceram-se do que mais precisavam.

UMA CIDADE CARENTE DE AMOR

Imagine uma das cidades mais corruptas e cruéis da terra. Pense num lugar onde o amor tem má reputação, os relacionamentos são intencionalmente egoístas e as vidas são repetidamente destruídas. Durante o primeiro século, esta era a qualidade de vida que desfrutavam os habitantes de Corinto — o lar dos primeiros cristãos que leram as sublimes e inspiradoras palavras em 1 Coríntios 13.

Pode parecer contraditório que uma das mais belas descrições do amor que o mundo já conheceu estivesse associada à esta localidade, no entanto, ao olharmos com mais atenção perceberemos que nada poderia ser mais adequado. Se havia um povo que necessitava dos princípios do verdadeiro amor para mudar suas vidas, era o povo da igreja de Corinto.

Pessoas que enfrentavam circunstâncias difíceis. Mesmo pelos padrões atuais, os cristãos de Corinto tinham muito a superar. A sua cultura era moralmente decadente. A principal religião daquela cidade era o culto à Afrodite, a deusa grega do amor, em cujo templo trabalhavam mil sacerdotisas prostitutas.

A riqueza apresentava outro desafio. Sua ótima localização, no istmo de Corinto — faixa de terra que conectava a parte norte à parte sul da Grécia — proporcionou uma prosperidade comercial que contribuiu para o declínio moral. O materialismo, com a religião orientada para o sexo, produziu uma cultura e uma atmosfera baseada no prazer pessoal.

Corinto tornou-se tão famosa por sua corrupção moral, que as pessoas no mundo grego que eram culpadas de imoralidade repulsiva, bebedeiras e libertinagens eram comparadas aos coríntios. Este era o ambiente no qual vivia a igreja que recebeu a clássica descrição sobre o amor, escrita por Paulo.

Pessoas com saúde espiritual debilitada. Infelizmente, assim como frequentemente acontece em nossos dias, a igreja em Corinto começou a refletir a condição de seu ambiente. Observe os tipos de problemas que Paulo teve de abordar em sua primeira carta a estes leitores:
- Divisão na família de Deus (CAPS.1-3);
- Orgulho e arrogância espiritual (CAP.4);
- Promiscuidade sexual (CAP.5);

- Litígio entre os cristãos (CAP.6);
- Casamentos problemáticos (CAP.7);
- Abuso da liberdade espiritual (CAPS.8-10);
- Confusão nos papéis masculino / feminino (CAP.11);
- Abuso da Ceia do Senhor (CAP.11);
- Uso incorreto dos dons espirituais (CAPS.12-14);
- Negligência aos princípios das bases doutrinárias (CAP.15).

Além de todos os outros probleMas algumas pessoas de Corinto se ofenderam com Paulo. Por mais dificuldades que tivessem, eles não percebiam que necessitavam dos ensinamentos deste apóstolo. Esta carta mostra com clareza que ele estava lidando com pessoas que podiam enxergar melhor o problema dos outros do que os seus próprios.

Pessoas carentes de discernimento espiritual. Qual era a solução? De acordo com Paulo, esses leitores precisavam entender que era mais importante seguir a Cristo do que buscar conhecimento, sabedoria e poder sobrenatural. Queria que eles soubessem que todos os seus discursos e argumentos eloquentes, doutrinas corretas, expressões de fé e doações sacrificiais iriam na verdade afastar os outros, caso eles não redescobrissem o verdadeiro significado do amor. Paulo demonstrou em 1 Coríntios 13:1-3, por meio de uma série de contrastes, o que realmente acontece quando tentamos fazer coisas boas sem amor:

Discurso eloquente................................... é como barulho
Discernimento espiritual ....resulta em nada
Filantropia... não traz benefícios

O discernimento que era necessário aos coríntios é importante para todos nós. Talvez também tenhamos inúmeras informações sobre a Bíblia, sem, no entanto, compartilharmos sua essência. É possível que tenhamos o Espírito vivendo em nós sem nos importarmos em como Ele age em relação às pessoas ao nosso redor. Talvez vejamos claramente como as pessoas estão erradas, sem perceber que sem amor nós também não estamos certos.

Tal discernimento não é para nos condenar. Se somos condenados, é por nosso próprio egoísmo. O capítulo 13 da carta de 1 Coríntios não foi escrito para nos derrubar. Foi escrito para animar aqueles que perderam o rumo em montanhas de conhecimentos bíblicos e religiosos. Foi escrito para nos ajudar a perceber que não podemos permitir que as falhas de nossos relacionamentos e atitudes arruínem a nossa reputação. Não podemos permitir que argumentos acima de nossos próprios interesses empobreçam a credibilidade do nosso Senhor.

Todos já ouvimos que as pessoas não se importarão muito com o que sabemos até verem a demonstração deste amor. É verdade. Nosso próximo provavelmente não achará nossas crenças dignas de crédito, a menos que veja que nós nos importamos com ele tanto quanto nos importamos conosco mesmos. Sem o amor de Cristo a nos compelir:

- O evangelismo se torna crítico;
- O compromisso pessoal se torna hipócrita;
- A adoração se torna rotineira e automática;
- O estudo bíblico se torna apenas intelectualismo;
- O servir aos outros se torna obrigação enfadonha.

Pessoas carentes de renovação espiritual. Se as verdades de 1 Coríntios 13 nos revelam nossa pobreza espiritual, o fazem para que possamos ser ricos em nossa preocupação com as pessoas ao nosso redor. Se as palavras de Paulo nos mostram quão cheios estamos de nós mesmos, também é verdade que o Senhor pode nos esvaziar daquilo que está nos arruinando. Se esta passagem faz brilhar uma luz sobre nós, seu propósito é que examinemos nossa vida e sigamos a Cristo mais de perto.

De qualquer maneira, devemos ter em mente, à medida que lemos as passagens seguintes, que Deus não somente está nos chamando para um nível mais alto, mas nos oferecendo uma mudança de dentro para fora. Não está meramente propondo um padrão de vida mais elevado; está oferecendo levantar-nos acima das nossas próprias capacidades e a fazer uma obra em nós que sozinhos nunca poderíamos fazer.

O desafio que temos adiante é de sermos submissos ao Senhor e à Sua verdade para que Ele possa produzir em nós o verdadeiro amor descrito por Paulo em 1 Coríntios 13.

AS MARCAS DO AMOR VERDADEIRO

Foi no programa de Ed Sullivan que os *Beatles* explodiram no cenário americano. Com uma aparência e som totalmente novos, eles moveram uma geração a cantar *All we need is love* (Tudo que precisamos é amor). Mais tarde, eles se separaram e por anos os fãs sonharam com um retorno.

Quando finalmente foi arranjada uma reapresentação, os *Beatles* ainda cantavam sobre o amor. Em seu divulgadíssimo retorno em estúdio, a música principal era *True love* (Amor verdadeiro). Mas as letras de John Lennon tinham uma nota de tristeza. Enquanto descrevia o amor como seu alvo na vida e seu prêmio no final da corrida, a música terminava com um pensamento triste de que ele "estava sozinho".

A letra da música de Lennon descreve a experiência não somente de sua geração, mas da nossa também. Nós procuramos o amor, acreditamos tê-lo encontrado, então nos desiludimos quando os sentimentos desaparecem.

Qual é o amor que parece tão evasivo? Se tivéssemos vivido nos dias do apóstolo Paulo, o idioma grego nos ajudaria a esclarecer que tipo de "amor" estaríamos procurando.

A palavra grega *epithumia* fala do desejo que tem sua satisfação no amor sexual. *Eros* era um termo usado para descrever o amor romântico. *Storge* era uma palavra usada pelos gregos para descrever um amor forte que protege e oferece segurança. *Phileo* representava o amor fraternal da família e de amizades. E havia o *ágape* (frequentemente usado para falar do amor de Deus) que descrevia o amor em sua forma mais profunda e pura.

Uma vez que Paulo escolheu a palavra *ágape* para descrever o amor em 1 Coríntios 13, parece que sua intenção era mostrar que este é o tipo mais elevado do amor divino que dá sentido eterno a todas as outras expressões de amor. Usando a palavra ágape para descrever este amor do ponto de vista de nosso Criador, o apóstolo Paulo escreveu:

O amor é paciente, é benigno; o amor não arde em ciúmes, não se ufana, não se ensoberbece, não se conduz inconvenientemente, não procura os seus interesses, não se exaspera, não se ressente do mal; não se alegra com a injustiça, mas regozija-se com a verdade; tudo sofre, tudo crê, tudo espera, tudo suporta
(1 CORÍNTIOS 13:4-7).

Quando consideramos os diferentes elementos desse amor sublime, fica claro porque o amor ágape é verdadeiro amor — aquele que todos nós queremos e precisamos.

O amor verdadeiro "é paciente". A palavra grega significa "longa perseverança". O *Dicionário Vine* (Editora CPAD, 2002) diz que essa palavra descreve "a qualidade de autocontrole que ante uma provocação não retalia apressadamente ou castiga prontamente". É a qualidade de se ter um pavio longo. Um comentarista definiu como "lento para se tornar rancoroso". Isto significa que o amor verdadeiro não retalia ou procura fazer vingança. Ele não se enche de amargura, mas ama pacientemente — mesmo experimentando profundos sofrimentos.

Na atual conjuntura de violência doméstica, infidelidade sexual e relacionamentos arruinados, esse tipo de amor é vital. Ele reconhece e lida com os sofrimentos que enfrenta, mas nunca se torna vingativo.

Às vezes, essa qualidade de amor capacita uma pessoa a fazer o que os outros dizem que nunca poderiam fazer. Esse era o caso de Joana. O seu marido envolveu-se em um romance por muito tempo e logo abandonou o casamento e a família que tinham estabelecido. O relacionamento finalmente acabou em divórcio. Ainda assim, com toda a dor e sofrimento que Joana havia experimentado, ela nunca se esqueceu do como e do porquê amar seu marido.

O verdadeiro amor pode sofrer a dor da traição, separação e diferenças irreconciliáveis sem parar de lutar pelo bem da outra pessoa.

Depois de meses de sofrimento, tristeza e reconstruindo a sua vida sozinha, ela recebeu a notícia de que Charles, seu ex-marido, havia se machucado no trabalho e fora hospitalizado. Deus usou o sofrimento daquele acidente para chamar a atenção de um homem distante.

Certo dia, Charles entrou em contato com Joana e perguntou se havia alguma esperança de restaurar o casamento rompido. Que pergunta tremenda! E que porta aberta para mais sofrimento e tristeza! Mas apesar das preocupações óbvias de Joana, ela e Charles passaram por meses de aconselhamento pastoral.

Dois anos após Joana ter sido forçada a lidar com uma das mais severas dores que uma mulher pode conhecer, ela se uniu novamente a Charles. Outra mulher na mesma situação poderia sentir-se compelida a recusar educadamente a proposta de casamento. Mas Joana se recusou a ficar magoada, e teve a graça de "ser paciente". Apesar da dor e sentimento de abandono que havia experimentado, aceitou o risco de casar novamente com aquele que a tinha feito sofrer terrivelmente.

Essa disposição em resistir ao rancor não significa que os pecados do passado são esquecidos facilmente ou sem dor alguma. Mas o amor verdadeiro não dá lugar ao ressentimento. Ele realmente "é paciente".

O amor verdadeiro "é benigno". Kenny Rogers cantou uma música romântica chamada *You decorated my life* (Você decorou minha vida). A letra desta canção celebra a forma como nossa vida melhora quando somos amados. Mas quando Paulo disse que o amor verdadeiro é bondoso, ele estava descrevendo um amor que é mais do que ornamental. De acordo com o estudioso de grego A. T. Robertson, a palavra grega traduzida por "benigno" pode também significar "útil e benevolente". O livro *Analytical Concordance* (Concordância analítica) de Robert Young define a palavra como "ser útil ou benéfico". Em outras palavras, o amor age de forma bondosa, graciosa, útil e benéfica.

Se considerarmos que o propósito do verdadeiro amor é buscar o bem-estar da pessoa amada, compreenderemos porque o verdadeiro amor não deve ser apenas paciente, mas também benevolente. A bondade, e não a rispidez, é melhor para encorajar o bem na outra pessoa. Assim como o livro de Provérbios diz que "A resposta branda desvia o furor" (15:1), também o amor, que é prático e útil, é capaz de trazer à tona o melhor ao invés do pior na pessoa que amamos.

Ser gentil e "cheio de graça" é uma qualidade dos que são semelhantes a Cristo (JOÃO 1:14). Veja como Jesus se apresentou àqueles que necessitavam de Sua ajuda:

Vinde a mim, todos os que estais cansados e sobrecarregados, e eu vos aliviarei. Tomai sobre vós o meu jugo e aprendei de mim, porque sou manso e humilde de coração; e achareis descanso para a vossa alma (MATEUS 11:28,29).

Eis uma descrição da Pessoa mais forte e mais amável que o mundo já conheceu — forte o suficiente para criar o Universo e sábio o bastante para levantar-se contra a hipocrisia e egoísmo das pessoas mais poderosas de Seus dias. No entanto, Ele fez tudo isso em verdade e graça.

Jesus nos lembra que mesmo que o amor clame pela verdade, a verdade dita sem bondade não expressa o amor. Ele nos lembra de que enquanto o amor clama por paciência, paciência sem bondade tampouco é amorosa.

O amor verdadeiro "não arde em ciúmes". Continuando sua descrição do amor, Paulo disse que o verdadeiro amor não se ofende com as bênçãos, sucessos e bem-estar do outro. O amor não diz: "se eu não posso ter o que quero, eu também não quero que você o tenha". Pelo contrário, o amor verdadeiro diz: "Posso me alegrar por você, mesmo que eu nunca alcance as realizações, reconhecimento ou confortos que você está usufruindo. Embora eu possa desejar mais para mim, não posso desejar menos para você."

Essa natureza "sem inveja" do amor verdadeiro nos alcança onde vivemos. Quantas vezes já fomos passados para trás em uma promoção ou vimos nossas realizações passarem despercebidas pela vida? Quantas vezes temos visto outras pessoas prosperarem enquanto lutamos para sobreviver? Até os próprios discípulos de Jesus repetidamente discutiam entre si sobre quem deveria ter as posições mais honrosas.

Ninguém disse que seria fácil amar os outros sem inveja, com paciência e bondade num mundo injusto. As Escrituras não dizem que deveríamos ser capazes de perder um emprego sem nos frustrarmos, ou um relacionamento sem sofrer. Paulo não diz que se tivermos amor não teremos sentimento de perda pessoal ou tristeza. Mas ele afirma que se tivermos amor verdadeiro, não sentiremos inveja. Se tivermos amor verdadeiro, nossa dor pessoal não será justificativa para invejarmos aqueles que, no momento, parecem receber uma porção melhor do que a nossa.

> Podemos continuar a amar,
> mesmo que experimentemos a perda,
> se colocarmos nossa fé e esperança
> no nosso Deus provedor.

Como podemos amar com tal graça? Somente com a capacitação do Espírito de Cristo. O segredo da benevolência na decepção é ter uma profunda confiança no Deus provedor que também é nosso Pastor e Pai. As frustrações virão, circunstâncias injustas testarão a nossa fé como também nosso amor. Contudo, podemos nos sentir desiludidos conosco mesmos e ainda assim amar os outros — se tivermos aprendido a confiar em Deus.

O amor verdadeiro "não se ufana". O amor não se vangloria a respeito de suas realizações. Ele não se exibe, nem mesmo sutilmente, com declarações de autopromoção.

Este conceito encontra raízes antigas na Bíblia. O rei Salomão disse bem quando expressou: "Seja outro o que te louve, e não a tua boca…" (PROVÉRBIOS 27:2). De forma simples, o amor verdadeiro não se coloca sob o holofote.

Esta quarta descrição do amor é o outro lado da moeda de um amor que não é invejoso ou ciumento. O ciúme quer o que a outra pessoa possui; o orgulho tenta tornar os outros invejosos pelo que nós temos. Enquanto a inveja diminui as outras pessoas, o orgulho aumenta a nossa vaidade.

O amor verdadeiro não somente aplaude o sucesso do outro, mas também sabe lidar com suas próprias vitórias quando elas vêm. Ouvi dizer que "de cada cem pessoas que sabem lidar com a adversidade, há somente dez que sabem lidar com a prosperidade".

Esta marca do amor traz questionamentos num ambiente competitivo. Os livros de autoajuda nos dizem que se queremos crescer na vida precisamos assumir a aparência do sucesso, "mostrar a que viemos", e exibir nossos próprios talentos.

O que então, à luz disso, significa o princípio do "não se gabar" do amor verdadeiro para os seguidores de Cristo? É errado para um cristão que concorre a uma vaga de emprego listar seus pontos fortes num currículo, colocar sua melhor roupa e assumir a postura de alguém que seria uma boa contratação?

Quando não estamos no fundo do poço,
o amor não inveja; quando estamos no topo da montanha,
o amor não se vangloria.

Quando um time de beisebol conseguiu chegar, pela primeira vez na história, à final do campeonato, a imprensa não poupou elogios ao técnico Jim Leyland. Quando foi congratulado pela façanha, Leyland respondeu: "Eu não ganhei nada. Eu não arremessei uma bola, fiz uma jogada ou um ponto sequer. Os jogadores ganharam isso, e não eu." Que grande ato de humildade! Poucas coisas são mais notáveis a um mundo que observa do que aqueles que são graciosos não somente na derrota, mas também na vitória.

O amor verdadeiro "não se ensoberbece". A palavra grega que Paulo usa aqui significa "explodir de orgulho". Ao descrever esta característica oposta do amor verdadeiro, ele escolheu um termo que havia usado anteriormente na mesma carta quando encorajou os cristãos sem amor em Corinto para que "...ninguém se ensoberbeça a favor de um em detrimento de outro" (4:6).

Nesta parte anterior de sua carta, Paulo descreveu os coríntios como sendo tão cheios de si mesmos que não tinham mais espaço para sentir a dor dos outros. Aqui, no capítulo 13, ele usou a mesma figura de linguagem para mostrar que a arrogância que nos faz relutantes em receber a ajuda de outros, também nos faz insensíveis àqueles que precisam de nós.

William Carey, que é conhecido como o pai das missões modernas, ilustra o tipo de amor que não se orgulha. Ele foi um brilhante linguista e foi responsável por traduzir partes da Bíblia para, no mínimo, 34 línguas e dialetos diferentes. No entanto, suas realizações se desenvolveram a partir de humildes iniciativas que permaneciam em seu coração. Ele foi criado num lar humilde na Inglaterra e trabalhou como sapateiro quando era jovem. Quando seus esforços pelo evangelho o levaram para a Índia, ele foi, muitas vezes, ridicularizado por sua origem "pobre" e pela sua profissão anterior. Certa noite, num jantar, um convidado, querendo destacar a origem humilde de Carey disse: "Sr. Carey, eu sei que você já trabalhou fazendo sapatos". "Ó não, meu senhor", respondeu Carey, "eu não fazia sapatos, era somente um reparador de sapatos."

Quando temos um senso inflado
de nossa própria importância, ouvimos somente o eco
de nossa voz e procuramos apenas pelos reflexos
de nossos próprios interesses.

Em contraste, pessoas orgulhosas, cheias de si e com opiniões exageradas de sua própria importância, são propensas a assumir que sua felicidade, bem-estar, opiniões e sentimentos são as únicas coisas que realmente contam. Pessoas orgulhosas acham fácil ignorar as necessidades e sentimentos dos outros.

A visão do Novo Testamento do amor verdadeiro não nos ensina a rejeitar nossas próprias necessidades. Apenas nos ensina a lembrar que nossos interesses não são mais importantes do que os interesses dos outros. Mesmo que, com frequência, precisemos dar prioridade às necessidades de nossa família e lar, também devemos nos preocupar com as necessidades, famílias e os lares dos outros.

O primeiro lugar no qual devemos ver se temos uma percepção orgulhosa de nossa própria importância é em nossas orações. Oramos somente por nós mesmos e por nossos interesses, ou oramos também pelos filhos, cônjuges e preocupações dos outros?

A pura verdade é que o amor verdadeiro não nos permite supor que nossa saúde, prosperidade, lar ou nossa família são mais importantes do que os dos outros.

O amor verdadeiro "não se conduz inconvenientemente".

Várias traduções dão o sentido desta frase como "não é grosseiro, não se impõe sobre os outros, não se porta de maneira inconveniente, não maltrata, não é malcriado".

A única outra ocorrência dessa expressão no Novo Testamento é encontrada em 1 Coríntios 7:9, que descreve o relacionamento entre um casal solteiro. Ao enfatizar a mais elevada prioridade de devoção a Deus, o apóstolo afirma que se um homem e uma mulher se encontram diante da tentação sexual, devem se casar em vez de viver abrasado.

Como o "viver abrasado" se relaciona ao princípio do amor verdadeiro mencionado em 1 Coríntios 13? Isso nos lembra de que a natureza honrosa do amor verdadeiro nunca fará exigências inapropriadas dos outros. O amor verdadeiro nunca incita uma pessoa solteira a dizer: "Se você me ama, prove se entregando a mim." Aqueles que amam nunca pedirão aos outros que provem a sua lealdade mentindo, trapaceando ou roubando para eles.

Por não se comportar com rudeza, o amor verdadeiro não usa o "amor" de uma amizade para pressionar qualquer pessoa a fazer algo que seja contrário aos princípios da consciência ou fé, ou aos princípios morais de Deus.

Quem sabe quais as exigências que foram colocadas sobre os filhos, esposas, maridos, estudantes e até sobre os membros da igreja em nome do amor? Os piores atos de satisfação sexual, os segredos mais ocultos, os segredos mais depravados da família, máfia, gangue, grupo, ou amizade têm sido mantidos sob o uso inadequado da palavra amor.

O amor verdadeiro, segundo Paulo, nunca pressiona outra pessoa a fazer algo que é errado. O amor verdadeiro procura o melhor para a pessoa amada — não o ganho pessoal, prazer, ou o controle que a manipulação deseja conseguir.

O amor verdadeiro "não procura seus interesses". Essa é a expressão favorita de Paulo para descrever abnegação. Isto fala da pessoa cujo foco é no próximo e não em si mesmo. Descreve o coração que não é consumido com seus próprios interesses, mas que pode mostrar interesse para com as necessidades do outro.

Em Filipenses 2, Paulo expressou o mesmo princípio do amor verdadeiro desta forma:

Se há, pois, alguma exortação em Cristo, alguma consolação de amor [...] Nada façais por partidarismo ou vanglória, mas por humildade, considerando cada um os outros superiores a si mesmo. Não tenha cada um em vista o que é propriamente seu, senão também cada qual o que é dos outros (vv.1,3,4).

Esta passagem demonstra que a grande paixão de Paulo por aqueles que adotaram o nome de Cristo, era de que tivessem um mesmo pensamento. Entretanto, esta unidade nunca será uma realidade na igreja, num casamento ou em qualquer tipo de relacionamento até que busquemos não somente nossos próprios interesses, mas também os interesses dos outros. O apóstolo chegou a dizer que o amor verdadeiro colocará as necessidades dos outros antes das nossas.

Esse autossacrifício confronta nossa natureza humana. Contudo, expressa a mente de Cristo (FILIPENSES 2:5). Ele humilhou-se ao deixar Seu trono no céu para viver nas limitações de um corpo físico, para andar na Terra como pobre, ser servo para as pessoas que o rejeitariam, lavar os pés de discípulos que o abandonariam e morrer na cruz pelos pecados de pessoas que não o mereciam.

Em nenhum outro lugar achamos exemplo melhor de amor verdadeiro do que no próprio Jesus. Ele demonstrou o tipo de amor verdadeiro que é capaz de ver além de seus interesses pessoais e englobar as necessidades do próximo.

Ninguém é melhor exemplo de amor abnegado do que Aquele que deixou o céu para nos resgatar.

O amor verdadeiro "não se exaspera". A próxima palavra que Paulo usou em sua definição de amor verdadeiro descreve um coração que não fica irritado facilmente ou, conforme definiu A. T. Robertson, um coração com "aspereza de espírito". Em outras palavras, o amor verdadeiro não é impaciente. Esse é o lado oposto da primeira característica do amor — uma forma indireta de dizer que o amor sofre por um longo período.

Como é fácil esquecermos esta importante qualidade do amor verdadeiro. Depois de alguns anos de decepções mútuas, maridos e esposas se irritam facilmente um com o outro. Pais exasperados gritam de forma grosseira com seus filhos. Empregados rapidamente se enervam quando o chefe ou colega de trabalho não dá a consideração merecida e que fora acordada anteriormente. Cidadãos ficam enfurecidos quando funcionários públicos usam seus postos para violar a confiança popular.

Por que ficamos irados? Às vezes, nos enfurecemos e o sangue esquenta porque queremos o que queremos, quando queremos — e não aceitamos um "mais tarde" como resposta. Por vezes o nosso temperamento evidencia nosso próprio egocentrismo.

Entretanto, há outro lado. Embora o amor não se ire facilmente por razões egoístas, há momentos para estar frustrado e agitado emocionalmente. Por exemplo, em Atos 17:16 lemos:

Enquanto Paulo os esperava em Atenas, o seu espírito se revoltava em face da idolatria dominante na cidade.

Nessa passagem, a irritação de Paulo era tanto justificada quanto uma reação de amor. Embora esperava, lentamente ele foi se revoltando. Quanto mais via e pensava sobre a idolatria da cidade, mais preocupado e indignado ficava em favor daqueles que estavam sendo prejudicados e enganados por uma religião tão falsa. Jesus também sentiu-se profundamente irado quando virou as mesas dos cambistas no templo. Amou o suficiente para irar-se pelo comercialismo que perturbava o pátio dos gentios no Templo. Ele se importava por aqueles que haviam perdido um lugar tranquilo para orar (MATEUS 21:12,13).

Jesus não estava expressando o tipo de sensibilidade e irritabilidade que sinaliza uma falta de amor. Ele foi cuidadosa e amorosamente despertado a tomar medidas contra práticas que estavam prejudicando pessoas a quem amava.

O exemplo do amor de Jesus não está no fato de que Ele não se irava, mas que Ele não se irava facilmente.

A experiência de Paulo em Atenas e as ações de Jesus no templo nos lembram de que há o momento para irar-se. Entretanto, esta ira precisa ser expressa em amor, e sem pecado (EFÉSIOS 4:26).

O amor verdadeiro "não se ressente do mal". Essa marca do amor não visa cultivar a ignorância. Paulo não está escrevendo no espírito dos três macacos sábios que "nada de mal veem, ouvem ou falam". A expressão grega traduzida por "não se ressente do mal" é um termo de contabilidade. Significa "contar, registrar em diário ou agenda". O mal mencionado são as ofensas e dores recebidas pelas mãos de outras pessoas.

Dizer que o amor não se ressente do mal significa que ele não vai guardar registros de maldades com a intenção de um dia se vingar. Em outras palavras, o amor verdadeiro não vai guardar ressentimentos ou permitir rancores antigos contra os outros, mesmo quando as ofensas feitas contra nós são reais.

Quando ficamos nos lembrando das ofensas com a intenção de fazer os outros pagarem, somos nós mesmos que acabamos pagando mais do que podemos. Conheço pessoas que adoram ao Senhor na mesma igreja todos os domingos, mas que não se falam há mais de 25 anos. E elas não têm intenção alguma de um dia resolver suas diferenças.

Já foi dito que uma pessoa nunca será mais parecida com Deus do que quando perdoa aqueles que admitiram seus pecados e pediram perdão. Se isso é verdade, então nunca estaremos tão longe do caráter de Deus que nos salvou do que quando guardamos rancores contra aqueles que admitiram suas ofensas e pediram misericórdia. Comparar-se com um oponente é ótimo nos esportes, mas não faz parte do contexto do amor.

> O amor verdadeiro não tem espaço em seu coração para o mal.

O amor verdadeiro não guarda um registro das ofensas porque encontra sua segurança na presença e provisão de Deus. Não precisamos manter um registro de falhas para nos proteger quando sabemos que o próprio Deus está no controle do resultado, e quando sabemos que Ele está cuidando de nossas necessidades.

O amor verdadeiro "não se alegra com a injustiça". Aqui está uma afirmação que resume o que o amor não faz. Paulo já disse que o amor não se satisfaz em ser impacientemente exigente com as outras pessoas. Não se alegra em tratar os outros rudemente. Não se alimenta da inveja, do orgulho, da autopromoção, da grosseria, da ambição egoísta, da vingança, ou se ira facilmente.

Em resumo diz: "O amor não se deleita em nada que Deus diz ser errado." Tampouco tem uma satisfação secreta pelos fracassos morais dos outros. O amor não esconde a maldade guardando segredos que precisam ser expostos, nem repassa uma "fofoca picante" da falha de outros só porque parece bom fazê-lo. O amor não fofoca para quebrar a monotonia, aparentar estar informado, ou para se sentir melhor contando a vergonha do outro. Romper com o silêncio quanto ao pecado deve ser para o bem das pessoas em vez de promover uma "apedrejamento" em torno da vergonha e dor do outro.

O escritor irlandês Oscar Wilde disse em tom irônico: "Gosto de pessoas mais do que de princípios, e eu gosto de pessoas sem princípios mais do que qualquer coisa no mundo." Rimos desta frase porque sabemos que no momento, o pecado satisfaz mais do que o princípio moral. A curto prazo, o tipo de amor que Paulo está descrevendo pode soar tão doloroso quanto nobre.

No entanto, o amor verdadeiro preocupa-se pelos os estragos causados pelo pecado a longo prazo. Não pode se regozijar com o mal enquanto espera pela expressão do olhar das pessoas e pela angústia em seus rostos, quando o pecado finalmente trouxer suas consequências.

O amor verdadeiro sabe que o mal plantado em momentos negligentes de prazer será colhido em profunda consciência de arrependimento. Os pecados plantados como sementes de tolice serão colhidos em quantidades enormes de oportunidades e benefícios perdidos. O amor sabe que pecados semeados como algo que todos fazem, um dia produzirá o fruto da separação, isolamento e solidão. O pecado plantado para passar o tempo resultará não apenas em uma colheita de tempo perdido, mas em perdas eternas. O amor verdadeiro não pode se alegrar com a injustiça porque se importa não só com o hoje, mas também com o amanhã. O amor verdadeiro não pode tratar o mal como uma opção inocente.

O amor verdadeiro "regozija-se com a verdade". Paulo acabou de dizer que o amor não se alegra com a injustiça. Agora lemos com o que o amor se alegra. Ele se alegra com a verdade. Por que ele disse "verdade"? Por que não disse: "O amor regozija-se com a justiça"?

Uma razão para a escolha das palavras de Paulo provavelmente é o relacionamento inerente entre justiça e verdade. Em 2 Tessalonicenses, o apóstolo falou daqueles que serão julgados porque "não deram crédito à verdade; antes, pelo contrário, deleitaram-se com a injustiça" (2:12).

A pessoa que não crê na verdade sente prazer na injustiça.

Essas palavras aos cristãos tessalonicenses nos dão uma ideia do porque ele disse que "o amor regozija-se com a verdade". Queria que refletíssemos sobre a profunda relação entre o que cremos e o que fazemos. De um lado, o que acreditamos determina o que fazemos. Por outro, o que queremos fazer determina o que estamos dispostos a crer.

Essa é a razão por que a Bíblia coloca tanta ênfase nas crenças certas. A boa doutrina é o pensamento correto sobre Deus, nós mesmos e os outros. Assim sendo, os pensamentos corretos nos permitem amar uns aos outros em verdade, ao invés de cultivar um ambiente de autoengano.

Toda a injustiça nega a verdade. Todo o comportamento incorreto está enraizado numa crença falsa sobre a realidade. Toda a imoralidade está enraizada num processo de autoengano que diz: "Sei melhor do que Deus como promover meus próprios interesses e os interesses dos outros."

É por meio de mentiras, e não de amor verdadeiro, que pessoas apaixonadas tentam roubar de seus namorados a pureza sexual. É por meio de mentiras e falsas crenças sobre a verdade que as pessoas roubam bancos, matam, enganam, invejam e fofocam. É por meio de mentiras, provenientes de um autoengano, que as pessoas supõem que os pecados de adultos permissivos não prejudicam ninguém a não ser eles mesmos.

Paulo tinha uma boa razão em dizer que "o amor não se alegra com a injustiça, mas regozija-se com a verdade". O oposto de injustiça não é somente justiça. O oposto de injustiça é a verdade. É acreditando na verdade sobre Deus, sobre os outros e nós mesmos que somos capacitados a apreciar mais ainda a verdade do que a descoberta das falhas em outros. Deixar de lado nossas falsas crenças e pensamentos destrutivos, pode nos capacitar a nos regozijarmos quando encontrarmos coragem moral, integridade, paciência, e fidelidade até mesmo naqueles que estão melhores do que nós estamos. Isso é amor verdadeiro.

Sobre a fundação da justiça e da verdade, Paulo agora está pronto para mover-se às alturas de seu quadro do amor.

O amor verdadeiro "tudo sofre".

O termo sofrer vem de uma palavra grega que significa "telhado". A simplicidade desta palavra tem um impacto tremendo. O amor cobre e protege como um telhado cobre uma casa e a protege das tempestades. O amor sofre e continua a trabalhar para o bem dos outros, independentemente do que acontece. O amor sofre as tempestades das decepções, as chuvas do fracasso, e os ventos do tempo e das circunstâncias. O amor dá uma cobertura que protege os extremos de invernos gelados e de um verão cálido. O amor oferece um lugar de abrigo que pode resistir às piores circunstâncias imagináveis.

O amor provê um lugar de abrigo que pode suportar as piores circunstâncias imagináveis.

O amor não pode proteger os outros das duras realidades de se viver em um mundo decaído, também não pode proteger das consequências de suas próprias escolhas. Mas dá às pessoas que estão machucadas e sofrendo, um lugar para encontrar alguém que se importa pelo seu bem-estar. O amor ainda dá às pessoas não arrependidas, um defensor e intercessor que ora pelo seu máximo bem-estar. O amor oferece até aos piores pecadores um lugar para trazer seu coração arrependido.

Nós devemos ter em mente que "tudo sofre" não significa que o amor aceita passivamente todo o pecado da mesma forma que um capacho aceita passivamente os pés de seus usuários. O que significa é que o amor nunca deixa de se importar e nunca deixa de oferecer um lugar para o perdão: o amor não chega ao lugar onde começa a odiar, a desprezar e a condenar o outro. Importa-se o suficiente para continuar orando, aproveitar toda oportunidade para pacientemente suportar os pecados dos outros, para confrontar quando necessário e para perdoar quando há arrependimento.

Este é o momento quando a imagem de um telhado se torna limitada, tal amor é incondicional e sofredor, não é um protetor passivo. É uma dinâmica ativa e sempre transformadora que se movimenta e responde de formas apropriadas as escolhas da outra pessoa. Enquanto o caráter do amor nunca muda, suas estratégias e táticas estão constantemente mudando para buscar o bem-estar da outra pessoa em "todas as coisas".

O amor verdadeiro "tudo crê". À primeira vista, essa próxima característica do amor pode deixar a impressão de que aqueles que se importam com os outros devem aprender a ser crédulos ou ingênuos. Não foi o que Paulo quis dizer. Muito menos estava dizendo que o amor sempre dá aos outros o benefício da dúvida. Às vezes, um professor, técnico, conselheiro ou amigo amoroso deve ser "desconfiado" para chegar ao fundo da questão.

Não, Paulo não estava dizendo que o amor aceita cegamente o que os outros dizem. Em vez disso, parece que ele estava celebrando o relacionamento fundamental entre fé e amor. O texto de 1 Coríntios 13 nos lembra que o amor verdadeiro é abastecido pela nossa fé em Deus. O amor verdadeiro cresce e é sustentado pela fé ao crermos em "tudo" o que o Senhor diz sobre si, sobre nós, e sobre cada pessoa.

Se duvidarmos do que Deus diz sobre Seu amor por nós, perderemos um forte incentivo para amarmos uns aos outros. Se duvidarmos da garantia de que Ele é paciente e bondoso conosco, não estaremos aptos a sermos pacientes e bondosos uns com os outros. Se duvidarmos que seja capaz de suprir nossas necessidades, não estaremos tão inclinados a ser generosos com os outros.

A verdade de que o "amor tudo crê" é essencial para nosso entendimento do amor de Cristo. O amor verdadeiro está enraizado e fundamentado na fé. A fé, por sua vez, está enraizada e sedimentada no que Deus disse em Sua Palavra.

O amor verdadeiro está enraizado
e fundamentado no tipo certo de fé

Sem fé no Senhor, o amor desiste e morre. A menos que continuemos "crendo em tudo" que Deus disse, nosso amor não sobreviverá às decepções, rejeições e insultos da vida. A menos que construamos nosso amor firmemente na Bíblia, o amor vai se dissipar. Somente pela fé em Deus o amor pode permanecer forte.

O amor verdadeiro "tudo espera". Isso flui da declaração anterior. Se vivermos confiantes nas palavras e no plano soberano de Deus, também teremos razão para tudo esperar. Nossa fé na graça divina nos faz crer que as falhas humanas não são o fim. O amor verdadeiro pode ter esperança graças ao que Deus pode fazer na vida de uma pessoa.

Não faria sentido pensar que Paulo estivesse pedindo que tivéssemos esperança indiscriminadamente, nem que ele poderia estar pedindo que crêssemos sem discernimento. Mas de todas as pessoas, somente aqueles que confiam no Deus da Bíblia têm uma base sólida para serem amáveis e esperançosos no mundo atual.

O salmista, ao se referir a Deus, disse: "Tu és a minha esperança" (39:7). Paulo escreveu: "A esperança não confunde" (ROMANOS 5:5). E Pedro acrescentou: "Bendito o Deus e Pai de nosso Senhor Jesus Cristo, que, segundo a sua muita misericórdia, nos regenerou para uma viva esperança, mediante a ressurreição de Jesus Cristo dentre os mortos" (1 PEDRO 1:3).

Esse é o poder do amor: não é abastecido e sustentado por um estado físico ou emocional instável, mas por crenças profundas e esperanças que são dadas por Deus àqueles que nele confiam. O amor verdadeiro é capaz de ver a vida — e vivê-la — com um otimismo sempre renovado, pois está escrito: "Cristo em vós, a esperança da glória" (COLOSSENSES 1:27).

O amor verdadeiro "tudo suporta". Paulo concluiu sua descrição do amor, que teve início no versículo 4 — "O amor é paciente". A diferença entre a primeira descrição e a última é encontrada nas palavras que o apóstolo escolheu para descrever este elemento maravilhoso do amor verdadeiro. Com a percepção de que o segredo do amor verdadeiro está nas crenças e esperanças corretas, Paulo nos dá uma base para afirmar que o amor "tudo suporta".

No versículo 4, a palavra grega focou em "ser paciente" diante dos maus-tratos recebidos das mãos de outras pessoas sem ficar rancoroso. Aqui a ênfase está na maneira em que reagimos à vida em geral. O amor não desiste, não acaba. Ele não vai embora. Ele persevera a ponto de suportar todas as coisas.

Ficou gravado em minha mente a imagem da corredora suíça na maratona feminina (mais de 40 quilômetros) na Olimpíada de 1984. Muito tempo depois dos outros competidores terem terminado a corrida, ela chegou cambaleando ao Coliseu de Los Angeles. Gabriela Andersen mal aguentava ficar em pé, muito menos andar ou correr. Para terminar a prova, ela tinha que completar só mais uma volta ao redor da pista. Lembro de vê-la tropeçando, quase caindo, além da exaustão. Também me recordo de como a torcida em pé a aplaudiu e torceu por ela — e desesperadamente torcia para que conseguisse terminar a prova. À medida que Gabriela se aproximava da reta final, seu técnico andou ao seu lado, com muito cuidado para não tocá-la senão ela seria desclassificada, e quando cruzou a linha de chegada, ela despencou em seus braços, quase inconsciente.

Que imagem de resistência! Esse é o tipo de perseverança que, de acordo com 1 Coríntios 13, também é uma marca do amor. O amor verdadeiro persevera. Ele não desiste diante da dor, mas persevera, sabendo que o alvo vale a pena.

O AMOR JAMAIS ACABA

Lionel Richie e Diana Ross cantaram, melancolicamente, o que todo casal jovem em um altar espera: *Endless love* (Amor eterno). Infelizmente, isto não é possível. Somente o amor que Paulo descreveu em 1 Coríntios 13 é infinito. Todos esses pensamentos foram reforçados no versículo 8 quando encerrou seu argumento: "O amor jamais acaba."

Este amor tem sua fonte e sua vida em Deus,
por isso resiste a tudo.

Paulo deixou claro que outras coisas (profecia, línguas e conhecimento) são temporárias, incompletas e não confiáveis. Mas o amor não. Pela força e graça de Deus, ele pode sobreviver a tudo. O amor verdadeiro pode sobreviver à traição e à desconfiança. Pode sobreviver à decepção e à falha moral. Ele pode se sobrepor aos insultos e inveja das pessoas que nos consideram seus inimigos. Pode sobreviver a um julgamento criminal e ao aprisionamento.

Por encontrar sua fonte e vida em Deus,
o amor verdadeiro pode suportar qualquer coisa.

Mesmo quando a natureza de nossos relacionamentos muda devido às lamentáveis escolhas humanas, o amor de Deus pode nos motivar a orar e, quando possível, a agirmos em favor de outra pessoa.

É o amor que reflete o coração de Cristo e revela a maravilhosa transformação que somente Ele pode proporcionar na vida de alguém. Este é o amor verdadeiro.

ONDE POSSO ENCONTRAR AMOR

Se a pergunta de seu coração for: "Onde posso encontrar esse amor verdadeiro?", permita-me compartilhar com você algumas boas-novas. Você já é amado. O versículo mais conhecido da Bíblia nos diz:

> *Porque Deus amou ao mundo de tal maneira que deu o seu Filho unigênito, para que todo o que nele crê não pereça, mas tenha a vida eterna* (JOÃO 3:16).

Para aqueles que creem, Jesus descreve a extensão do amor de Deus. Jesus disse aos Seus discípulos: "Portanto, não vos inquieteis, dizendo: Que comeremos? Que beberemos? Ou: Com que nos vestiremos? Porque os gentios é que procuram todas estas coisas; pois vosso Pai celeste sabe que necessitais de todas elas; buscai, pois, em primeiro lugar, o seu reino e a sua justiça, e todas estas coisas vos serão acrescentadas" (MATEUS 6:31-33). Somente quando cremos que somos amados dessa forma é que temos a segurança que necessitamos para assumir o risco de amar os outros.

Capítulo 5

ASSUMINDO O RISCO DO PERDÃO

EM 1944, SIMON WIESENTHAL era prisioneiro num campo de concentração localizado na periferia da cidade onde havia crescido. Certo dia, seu grupo de trabalho marchava pela cidade. Ao longo do caminho, passaram por um cemitério militar com um girassol plantado em cada túmulo. Ele não conseguiu evitar fazer a comparação entre o contraste daquela homenagem cuidadosa, e o túmulo coletivo com outros corpos desconhecidos empilhados e sem lápide que, quase certamente, seria seu destino.

Eu queria falar sobre minhas atrocidades a um judeu
e implorar perdão... sem sua resposta,
não posso morrer em paz.

Finalmente chegaram à escola que Wiesenthal havia frequentado: um prédio repleto de lembranças da perseguição antissemita, e que agora se transformara num hospital de campanha para soldados alemães feridos. Seu grupo carregava caixas de lixo para fora do hospital. Enquanto trabalhava, ele foi abordado por uma enfermeira da Cruz Vermelha. "Você é judeu?", ela perguntou. Quando respondeu que sim, ela indicou para que a seguisse. A enfermeira o conduziu até a cabeceira de um jovem oficial alemão coberto com curativos, que mal conseguia falar. Ele havia lhe pedido que encontrasse um judeu com quem pudesse conversar e, arbitrariamente, Wiesenthal havia se tornado essa pessoa. O oficial disse que seu nome era Karl. Sabia que estava morrendo e precisava falar sobre algo que o estava atormentando. Enquanto resumia a história de sua ação militar, Wiesenthal tentou sair três vezes, mas o homem agarrou seu braço em todas elas. Ele precisava contar sobre uma atrocidade da qual havia participado enquanto perseguia os russos em retirada. Trinta soldados alemães haviam morrido em armadilhas preparadas pelos russos. Num ato irracional de vingança contra inocentes, ele e seus homens cercaram um grupo de 300 judeus, os fecharam dentro de uma casa, encharcaram-na de gasolina e atearam fogo com granadas. Então atiraram em quem tentava escapar.

Ele relatou com grande emoção suas lembranças de ouvir os gritos, ver mulheres e crianças aterrorizadas pulando do prédio, e de seus próprios tiros. Uma cena em particular o assombrava: um pai e uma mãe desesperados, pulando com uma criança de cabelos e olhos escuros, apenas para serem crivados de balas.

O homem continuou falando, relatando uma batalha acontecida depois, quando recebeu ordens de atirar em um grupo similar de judeus desarmados. Dessa vez ele não quis, ou não conseguiu, apertar o gatilho. Enquanto estava paralisado no lugar, uma bomba explodiu, provocando-lhe as feridas que estavam agora tirando sua vida.

Ele implorou a Wiesenthal:

Fui deixado aqui com a minha culpa. Nas últimas horas de minha vida, você está comigo. Não sei quem você é, sei apenas que é judeu, e isso é o suficiente... Sei que o que contei é terrível. Nas longas noites em que fiquei esperando a morte, repetidas vezes desejei falar sobre isso com um judeu, e implorar o seu perdão. Eu apenas não sabia se ainda restava algum judeu vivo... sei que o que estou pedindo pode ser demais para você, mas sem sua resposta, não poderei morrer em paz.[1]

Wiesenthal ficou ali em silêncio, lutando com o que deveria fazer. "Finalmente decidi, e sem dizer uma palavra, saí do quarto."

O oficial morreu sem o perdão de um judeu. Mas a história ainda estava longe de acabar. Wiesenthal ficou angustiado com sua resposta.

Após a guerra, ele foi visitar a mãe de Karl na Alemanha, tentando julgar a autenticidade do remorso do jovem oficial. Finalmente, 20 anos após a guerra, Wiesenthal sentiu-se compelido a escrever a história. Ele a termina com duas perguntas melancólicas: "Meu silêncio à cabeceira de um nazista moribundo foi certo ou errado?" e "O que você teria feito?"

Simon Wiesenthal (1908-2005) ganhou fama após a Segunda Guerra Mundial como caçador de nazistas fugitivos.

Wiesenthal enviou a história para líderes eclesiásticos, morais e políticos, e para escritores, para saber suas respostas àquelas perguntas. A história, com as respostas, foi publicada em 1969 em um livro intitulado *The Sunflower* (O girassol). A grande maioria de convidados concordou que Wiesenthal fez a coisa certa. Ele não tinha nenhuma obrigação, ou mesmo direito, de perdoar o homem.

Outros afirmaram que toda a noção de pedir e conceder perdão era perigosa. Herbert Marcuse, um influente filósofo marxista dos anos 1960 e 1970, escreveu:

> *Alguém não pode, ou não deveria, simplesmente sair matando e torturando alegremente e então, quando a hora chega, apenas pedir, e receber, perdão... Acredito que o perdão fácil de crimes como esses, perpetua o grande mal que quer aliviar.*[2]

The Sunflower (O girassol) tira a questão do perdão do reino do idealismo e do sentimental, e nos leva a encarar a feia realidade da vida. Pesquisadores dedicaram muita atenção às questões sobre o perdão. Pessoas não perdoadas e que não perdoam têm taxas mais altas de doenças relacionadas ao estresse, cardiovasculares e depressão clínica, assim como sistema imunológico mais suscetível e altas taxas de divórcio. O perdão contribui para uma vida saudável.

Pessoas não perdoadas e que não perdoam, têm taxas mais altas de doenças relacionadas ao estresse, cardiovasculares e depressão clínica, assim como sistema imunológico mais suscetível e altas taxas de divórcio.

Mas que aparência tem o perdão? É um ato único ou um processo? Esperamos até nos sentirmos prontos a perdoar? Demandamos o arrependimento da outra pessoa, ou o perdão é pessoal e íntimo, algo que fazemos por nós mesmos? Se perdoamos, isso significa que devemos retornar imediatamente a um relacionamento persistentemente abusivo? Essas e muitas outras questões práticas demandam respostas cuidadosas. As melhores respostas nos chegam quando ouvimos cuidadosamente um homem chamado Jesus — o Mestre do perdão.

O QUE É PERDÃO?

A declaração mais resumida e sucinta de Jesus sobre o perdão está registrada em Lucas 17:3,4. Lemos Suas palavras no contexto mais amplo dos versículos 1-5:

> *"Disse Jesus a seus discípulos: É inevitável que venham escândalos, mas ai do homem pelo qual eles vêm! Melhor fora que se lhe pendurasse ao pescoço uma pedra de moinho, e fosse atirado no mar, do que fazer tropeçar a um destes pequeninos. Acautelai-vos.*
> Se teu irmão pecar contra ti, repreende-o; se ele se arrepender,

perdoa-lhe. Se, por sete vezes no dia, pecar contra ti e, sete vezes, vier ter contigo, dizendo: Estou arrependido, perdoa-lhe. *Então, disseram os apóstolos ao Senhor: Aumenta-nos a fé"* (ênfase adicionada).

Em Lucas 17, Jesus estabeleceu valores elevados a Seus seguidores. Surpreendentemente, Sua mensagem foi baseada num alerta: "Acautelai-vos" (v.3). De um lado, precisamos tomar cuidado para não levar outros a pecar.

Por outro, devemos resistir à tentação de manter aqueles que pecaram contra nós numa caixa de castigo emocional, fazendo-os se desculpar indefinidamente por seus erros.

A declaração sobre perdoar sete vezes em um dia foi tão forte que levou os ouvintes do Senhor a gritar: "Aumenta a nossa fé!" (v.5). Os discípulos sabiam que precisavam da ajuda de Jesus para perdoar daquela forma.

Os discípulos sabiam que precisavam da ajuda
de Jesus para perdoar daquela forma.

PERDÃO COMEÇA COM HONESTIDADE

As palavras iniciais de Jesus parecem simples: "Se teu irmão pecar contra ti, repreende-o" (v.3). Mas elas transmitem aspectos fundamentais para dar e receber perdão.

DEFINIR O DELITO COM CUIDADO

"Se teu irmão pecar...". O uso do termo irmão coloca isso no contexto do relacionamento e nos lembra que o primeiro lugar onde o perdão precisa ser expressado é na comunidade da fé. As palavras de Jesus transmitem sabedoria a todos, mas elas foram direcionadas primeiramente para a igreja. Cristãos, mais do que qualquer pessoa, devem perdoar uns aos outros.

Igualmente importante é o reconhecimento de que Jesus estava falando sobre *pecado* — especificamente sobre alguém que "peca contra ti" (v.4). Muitas coisas sobre os outros nos irritam, incomodam ou nos entristecem. Essas coisas podem demandar paciência, mas não envolvem perdão.

Algumas vezes achamos que alguém nos ofendeu, mas a verdade é que o ciúme, a insegurança ou a ambição podem distorcer nossa perspectiva. Alguém que discorda de nós ou nos magoa não precisa, necessariamente, de perdão. O perdão opera no reino do pecado, quando os padrões de comportamento de Deus são violados.

Na Bíblia, Miriã tinha *ciúme* da posição de Moisés como líder de Israel (NÚMEROS 12:1,2), e Saul tinha *inveja* da popularidade e das proezas militares de Davi (1 SAMUEL 18), mas em nenhum dos casos a reação deles era justificada.

O perdão não pode ser nossa primeira resposta, nem pode ignorar a realidade do mal. Se um ato pode ser desculpado, ele precisa ser compreendido, não perdoado. O perdão se aplica ao indesculpável, ele não *ignora* ou *nega* o pecado, se fazendo de cego. Tal resposta é indulgente com o pecado, ao invés de lidar com ele por meio de um empenho em perdoar. Ao manter o mal envolto na escuridão, permitimos que ele coloque os outros em perigo.

O perdão não banaliza o pecado, tentando colocá-lo sob a melhor luz possível. C.S. Lewis disse:

O verdadeiro perdão significa olhar firmemente para o pecado, o pecado que sobra sem nenhuma desculpa depois de feitas todas as considerações, e vê-lo em todo o seu horror, sujeira, maldade e malícia. [3]

Jesus não estava falando de enterrar o pecado sob o pressuposto ingênuo de que o "tempo cura todas as feridas." Como diz Mark McMinn: "O tempo cura feridas limpas. Feridas sujas apodrecem e contaminam."[4] O mesmo acontece tanto em nosso interior, quanto em nossos relacionamentos, quando tentamos suprimir os pecados contra nós. Negar agressões continua a bombear veneno em nossa vida.

Alguém que discorda de nós ou nos magoa,
não precisa necessariamente de nosso perdão.

Nem Jesus estava falando sobre simplesmente esquecer o pecado, como é sugerido no ditado "perdoe e esqueça." Com frequência, tal ideia ganha credibilidade ao citar o princípio bíblico de que Deus "esquece" nossos pecados. "De nenhum modo me lembrarei dos seus pecados e das suas iniquidades, para sempre" (HEBREUS 10:17).

Isso significa que nossos pecados foram apagados da memória do Senhor? Se sim, Ele não poderia ser o Deus onisciente! Ele não esqueceu seus pecados; eles foram registrados para que as gerações futuras pudessem aprender com eles.

Quando Deus esquece nossos pecados, Ele não os tem mais contra nós. A questão central não é que nós esqueçamos, mas o que nós fazemos quando lembramos que alguém nos enganou. Gregory Jones colocou isso de maneira apropriada:

> É um grande erro dizer, "Perdoe e esqueça." Em vez disso, o juízo da graça nos permite, através do poder do Espírito Santo, a lembrar bem. Quando Deus promete "apago tuas [de Israel] transgressões" e "dos teus pecados não me lembro" (ISAÍAS 43:25;

JEREMIAS 31:34), *Ele não está simplesmente deixando o passado no passado. Pelo contrário, Deus está testemunhando Sua própria fidelidade da graça.*[5]

A única forma de verdadeiramente perdoar, é lembrando. Não podemos fazer uma conexão simplista entre perdoar e esquecer. O verdadeiro perdão requer um olhar cuidadoso para o que realmente aconteceu.

Devemos observar rapidamente dois equívocos sobre perdoar: primeiramente, de que precisamos perdoar Deus; e depois, que precisamos perdoar a nós mesmos.

Muitas pessoas culpam o Senhor pelo que aconteceu a elas, mas a culpa está mal colocada. Por trás disso está a ideia de que, de alguma forma, temos direito a alguma coisa.

A única forma de verdadeiramente perdoar, é lembrando.

Talvez precisemos concordar com o que Deus permitiu para nossa vida. Talvez precisemos desabafar nossa raiva com Deus ou nossa decepção com a maneira que Ele está trabalhando. Os livros de Salmos, Jó e os escritos de Jeremias trazem muitos exemplos de tais explosões. Mas em quase todos os casos, o escritor segue com um reconhecimento de que sua raiva está fora do lugar — o perdão não se aplica. A fé não significa que entendemos os caminhos e propósitos de Deus, mas que confiamos em Sua bondade e nos submetemos aos Seus propósitos. O perdão, por nossa definição, não pode ser dado a Deus, porque Ele não peca.

Deus acolhe nossa *honestidade*. Jeremias usou uma linguagem forte quando desabafou com Deus: "Persuadiste-me, ó Senhor, [...] e prevaleceste" (20:7). Ele disse também, "Maldito o dia em que nasci!" (20:14).

O conceito de "perdoar a mim mesmo" é um pouco diferente. Logicamente, se eu pequei, sou o agressor e não a vítima de meus atos. Por outro lado, meus atos inevitavelmente, me prejudicam; o pecado sempre se volta contra nós. Posso sentir uma combinação de culpa, vergonha, desapontamento e raiva de mim mesmo. Quando as pessoas falam sobre se perdoar, estão quase sempre falando sobre aliviar tais sentimentos. Esse argumento leva à suposição de que deveríamos estar acima de tal comportamento.

Em segundo lugar, há um perigo no perdão interior, de modo que nosso foco esteja em nossos próprios sentimentos, ao invés de no que fizemos. Mas arrependimento profundo e transformação de caráter devem vir antes da libertação emocional.

Arrependimento profundo e transformação de caráter devem vir antes da libertação emocional.

Graças a Deus que esse arrependimento genuíno e o Seu perdão podem restaurar nossa alegria! Quando Davi, no Salmo 32:1, escreve, "Bem-aventurado aquele cuja iniquidade é perdoada," sua alegria (sendo abençoado) não vem do perdão em si, mas do fato de que Deus o perdoou.

CONFRONTE O PECADO CORAJOSAMENTE

A segunda implicação das palavras de Jesus é que devemos *confrontar* o pecado corajosamente. "Se teu irmão pecar contra ti, repreende-o" (LUCAS 17:3). Jesus está nos dizendo para responsabilizar as pessoas por seu comportamento. Isso demanda que nós determinemos com cuidado e em oração a natureza do comportamento da outra pessoa. Se for verdadeiramente pecaminoso, não devemos ignorar.

Não despreze a importância dessa etapa! Devemos falar diretamente com a pessoa, não *sobre* ela com os outros. Nem devemos criticar ou nutrir rancores. Ao invés disso, devemos confrontar honestamente o agressor com o pecado de seu comportamento. O pecado em geral não requer nosso perdão. Isso introduz uma importante distinção do perdão bíblico. Não é simplesmente um processo interior no qual nos engajamos para o nosso próprio bem, é também um processo interpessoal em benefício da outra pessoa e da comunidade como um todo. Perdão sem confrontamento resulta em curto-circuito no processo. O objetivo desse encontro não é expressar nossa raiva, mas encorajar o arrependimento, a restauração e a reconciliação. É também a proteção de outros, que podem se tornar vítiMas se esse comportamento não for detido.

Rotineiramente minimizamos o pecado da *fofoca*, mas a Bíblia tem palavras duras sobre o dano que ela provoca (PROVÉRBIOS 16:28; TIAGO 3:9). *Confrontar uma pessoa diretamente*, em espírito de amor, nos ajudará a evitar a sutil tentação de discutir os erros do outro pelas suas costas.

Com Suas palavras em Lucas 17:3,4, Jesus reforça as instruções de Levítico 19:17,18.

Não aborrecerás teu irmão no teu íntimo; mas repreenderás o teu próximo e, por causa dele, não levarás sobre ti pecado. Não te vingarás, nem guardarás ira contra os filhos do teu povo; mas amarás o teu próximo como a ti mesmo. Eu sou o SENHOR.

Quando somos maltratados, a última coisa que a maioria de nós quer, é encarar o agressor. É mais confortável reclamar ou aguentar o mal em silêncio enquanto evitamos e nos retiramos. Mas não nos foram dadas essas opções. Jesus nos chama à difícil tarefa de desafiar a pessoa sobre o pecado. O verdadeiro perdão requer uma confrontação honesta da ofensa. Qualquer coisa inferior a isso, sabota o processo e o objetivo.

CONFRONTE O PECADO CORRETAMENTE

À luz do que Jesus ensina por toda a Escritura, precisamos entender o terceiro aspecto fundamental: Precisamos confrontar o pecado corretamente. Em Mateus 18:15, Jesus disse,

> *"Se teu irmão pecar [contra ti], vai argui-lo entre ti e ele só. Se ele te ouvir, ganhaste a teu irmão."*

Se tornou comum enfatizar os benefícios terapêuticos do perdão. Lewis Smedes escreve de "nossa necessidade de perdoar para o nosso próprio bem. Cada alma humana tem o direito de ser livre da raiva, e afirmamos nossa herança legítima quando perdoamos pessoas que nos magoaram profundamente."[6] Outro escritor diz: "Comprometa-se consigo mesmo em fazer o que precisar para se sentir melhor. O perdão é para você, e para ninguém mais."[7]

Eu não nego os benefícios terapêuticos de perdoar o outro ou ignoro a questão que, se a outra pessoa rejeita a minha oferta de perdão, eu sou o único beneficiado pelo processo. Mas o perdão não pode ser reduzido a um processo meramente interior e pessoal. Não é apenas sobre mim. Jesus não nos perdoou pelo Seu próprio bem, mas pelo nosso! Embora o perdão me beneficie de diversas forMas não é apenas, ou principalmente, sobre mim. Tem a ver com o "ganhar" meu irmão, aquele que me maltratou, trazê-lo de volta à saúde espiritual, e sobre um bem maior: a proteção de outros e a promoção do bem-estar da comunidade.

Embora o perdão me beneficie de diversas forMas não é apenas, ou principalmente, sobre mim.

A palavra "arguir" em Mateus 18:15 é definida no léxico grego padrão como: "expressar forte desaprovação a alguém, repreender, reprovar, censurar; também falar seriamente, alertar no sentido de prevenir ou dar fim a uma ação."[8]

A palavra que Jesus usou em Lucas 17, *repreender*, é forte — há vezes em que é usada para infligir dor. É claramente errado "confrontar" alguém com o objetivo de magoar a pessoa. Isso é vingança, não confrontamento construtivo. Mas o Senhor insiste que haja confronto.

Diversas passagens nos ajudam sobre como devemos abordar um irmão pecador e como é melhor seguir "a verdade em amor" (EFÉSIOS 4:15).

Devemos fazê-lo em particular, não em público. "Se teu irmão pecar [contra ti], vai argui-lo entre ti e ele só" (MATEUS 18:15).

Devemos agir com humildade e arrependimento, não com arrogância e autorretidão. "Por que vês tu o argueiro no olho de teu irmão, porém não reparas na trave que está no teu próprio? Ou como dirás a teu irmão: Deixa-me tirar o argueiro do teu olho, quando tens a trave no teu? Hipócrita! Tira primeiro a trave do teu olho e, então, verás claramente para tirar o argueiro do olho de teu irmão" (MATEUS 7:3-5).

Devemos fazer isso espiritualmente, não de modo carnal. "Irmãos, se alguém for surpreendido nalguma falta, vós, que sois espirituais, corrigi-o com espírito de brandura; e guarda-te para que não sejas também tentado" (GÁLATAS 6:1).

O PERDÃO REQUER QUE O AGRESSOR SE ARREPENDA DO PRÓPRIO PECADO

A frase seguinte do Senhor, em Lucas 17:3, mostra a reação apropriada se alguém pecou contra mim, mas também a resposta certa, se eu for o agressor. Estas simples palavras contêm uma riqueza de significado: "se ele se arrepender…".

A forma como respondo ao confrontamento de alguém que se preocupa o suficiente para desafiar meu comportamento pecaminoso, revela meu caráter. O livro de Provérbios deixa claro que minha resposta à repreensão justa é um indício da minha sabedoria:

> *O que repreende o escarnecedor traz afronta sobre si; e o que censura o perverso a si mesmo se injuria. Não repreendas o escarnecedor, para que te não aborreça; repreende o sábio, e ele te amará. Dá instrução ao sábio, e ele se fará mais sábio ainda; ensina ao justo, e ele crescerá em prudência. O temor do* Senhor *é o princípio da sabedoria, e o conhecimento do Santo é prudência*
> (PROVÉRBIOS 9:7-10).

O arrependimento genuíno vai além do simples pedido de desculpa ou expressão de remorso. É uma mudança de mente que produz uma mudança de atitude.

Arrepender-se é a forma correta de lidar com o pecado. É mais profundo do que o remorso, porque envolve uma determinação de mudança. E pode ser genuíno, mesmo quando não resulta numa mudança instantânea. Afinal, Lucas 17:4 sugere que alguém pode se arrepender sete vezes em um dia! Também o arrependimento descrito não é apenas um mero sentimento, é expressado (se "sete vezes, vier ter contigo, dizendo: Estou arrependido...").

Sem arrependimento, o processo é interrompido. Jesus disse: "Se ele se arrepender, perdoa-lhe." Verdadeiro perdão flui em direção ao arrependimento. A situação ideal é clara: pecaram contra mim; eu confronto o agressor; ele declara sinceramente seu arrependimento; eu declaro o meu perdão.

O fato, entretanto, é que o pecado contamina tudo. Algumas vezes o agressor não o admitirá, não importa quão evidente seja. Algumas vezes não há arrependimento; ele pode até comemorar o mal. Outras vezes, a pessoa não pode se arrepender porque morreu ou está doente demais para responder. O que fazemos então? Perdoamos de qualquer forma? O perdão nem sempre é fácil ou simples.

O PERDÃO É CONCEDIDO GRACIOSA E GENEROSAMENTE

Jesus não desvia o assunto para discutir o caso do não arrependido. Sua ordem é clara: se ele se arrepender, perdoe. O registro de uma pessoa perdoada fica limpo.

O Senhor salientou a incrível natureza do perdão em Suas palavras de esclarecimento em Lucas 17:4. "Se, por sete vezes no dia, pecar contra ti e, sete vezes, vier ter contigo, dizendo: Estou arrependido, perdoa-lhe." Podemos esbarrar nisso, se questionarmos como uma pessoa pode realmente se arrepender sete vezes num dia. Jesus não estava encorajando palavras baratas de remorso, Ele estava dizendo que Seus seguidores deviam imitar a incrível graça de Deus que nos acompanha em meio a nossa perversidade e pecaminosidade. Perdão não é ganho, é dado, e é concedido generosa e graciosamente.

A palavra para *perdão* que Jesus usa tem vários significados, incluindo "deixar livre, libertar" e em certos contextos, "limpar, soltar."

Perceba que apenas a pessoa que foi insultada pode perdoar. Pessoas confessam a mim um pecado que foi direcionado contra outra pessoa ou organização, e então pedem meu perdão. Mas se eu não sou a parte ofendida, não posso perdoar. O perdão precisa vir daqueles que foram prejudicados.

Jesus quer que nós perdoemos o arrependido. Isso significa livrar-se do desejo de se vingar ou do "direito" de demandar que o outro pague pelo que fez. Perdoar é dizer: "Você está livre. Sua dívida está paga."

Apenas a pessoa que foi insultada pode perdoar.

Perdão não significa se esquecer de lembrar, mas se lembrar de esquecer. Parece um paradoxo, mas não é. Nós nos lembramos do que aconteceu, possivelmente, todas as vezes que encontramos com o agressor. Mas declarar "eu perdoo," não é mergulhar numa amnésia intencional. Estou me comprometendo a não tratar você com base no que fez, mesmo que eu me lembre do que houve. O tempo pode aliviar a dor, mas é muito pouco provável que a apague completamente da memória.

Desmond Tutu, que liderou os esforços de reconciliação pós--apartheid na África do Sul, colocou isso desta forma:

> *Perdão e reconciliação não significam fingir que as coisas são diferentes do que são. Não é dar um tapinha nas costas do outro e fechar os olhos para o erro.*[9]

O perdão olha o pecado dentro dos olhos e diz as difíceis palavras: "Eu perdoo."

Ao mesmo tempo, precisamos reconhecer que o perdão não necessariamente restaura o *status quo*. Perdão não é o mesmo que reconciliação. Ele limpa o registro, mas não reconstrói a confiança instantaneamente. O perdão é dado; porém, a reconciliação é conquistada. O perdão cancela dívidas; mas não elimina todas as consequências. Por exemplo, uma esposa que foi abusada por seu marido, pode perdoá-lo, mas ela não seria sábia em deixá-lo voltar para casa, a menos que surjam evidências claras, ao longo do tempo, de uma profunda mudança. Um marido pode perdoar genuinamente o adultério de sua esposa, mas isso não significa que o casamento será restaurado automaticamente. Reconciliação e perdão estão relacionados, mas são bem distintos.

Em resumo, perdão envolve escolha e processo. O perdão verdadeiro não pode ser reduzido a uma simples fórmula, mas é útil considerar quatro passos.

ENCARAR OS FATOS

O perdão autêntico demanda que identifiquemos o que aconteceu e compreendamos seu significado. Eis quatro perguntas úteis:

- Quão séria foi a ofensa? Algumas coisas requerem mais paciência do que perdão. Se eu transformar todas as ofensas nas questões citadas em Lucas 17, devastarei meus relacionamentos com minha intensidade e autoabsorção.
- Quão profunda é a ferida? Essa não é apenas uma questão de tempo. É possível que eu esteja "coçando o machucado" para mantê-lo aberto.
- Quão próxima a pessoa é de mim?
- Quão significativo é nosso relacionamento?

RECONHEÇA OS SENTIMENTOS

Há o perigo do "perdão rápido" — uma declaração verbal precipitada, que nos afasta de processar a violação. Se estamos num estado de dormência ou negação emocional enquanto tentamos dar sentido à ofensa, não estamos em condições de declarar terminado o trabalho do perdão. Um fechamento rápido pode, na verdade, prolongar o processo.

O outro extremo é a tentação do perdão lento, um eterno "não me sinto pronto ainda," que pode ser uma forma sutil de infligir punição ao ofensor. Entre esses dois extremos, há um tempo apropriado para lamentar a perda do que poderia ter sido. Esse será um lamento misturado com raiva por causa do mal que nos foi causado. Mas essa raiva, por mais justificada que seja, precisa ser monitorada cuidadosamente, com uma atenção na orientação: "Irai-vos e não pequeis; não se ponha o sol sobre a vossa ira" (EFÉSIOS 4:26).

UMA DECISÃO E UMA DECLARAÇÃO

Em última análise, o perdão é um ato de vontade, não um turbilhão de emoções. Para um seguidor de Cristo, é uma questão de obediência. É uma escolha íntima que produz a declaração: "Eu o perdoo." Quando digo essas palavras, declaro que a questão entre nós está morta e enterrada. Estou dizendo que não vou repeti-la, revê-la ou renová-la. Quando ela vier à minha mente, vou levá-la ao Senhor, não a você.

Num domingo, quando eu tinha 15 anos, pedi ao meu pai para me deixar dirigir o carro da igreja para casa. Infelizmente, perdi o controle do veículo numa esquina e acertei um poste de luz, causando um dano de centenas de dólares ao carro. Fiquei envergonhado e com medo. Enquanto o vapor assoviava saindo do radiador, antes mesmo que saíssemos do carro, meu pai virou-se para mim e disse: "Tudo bem, Gary. Eu perdoo você." Pelo resto de sua vida, nem uma única vez meu pai mencionou aquele acidente, mesmo tendo lhe custado um bom dinheiro. E ele me deixou usar o carro de bom grado quando eu tirei minha carteira de motorista.

RENOVE A DECISÃO

Perdão não é uma decisão única. Lembro-me de que, após perdoar alguém que me magoou profundamente, lutei com meus sentimentos durante os dias e semanas que se seguiram. Eu tinha dito: "Eu perdoo você," e era verdade. Mas precisava lembrar a mim mesmo repetidamente que precisava manter aquele compromisso. O pecado certamente não havia sido apagado da minha memória;

na verdade, eu tinha a tendência de pensar nele para repassá-lo diversas vezes. Então travei uma batalha interior, e foi apenas levando o assunto continuamente ao Senhor, e confiando em Sua ajuda, que eu pude evitar trazer a questão à tona novamente.

C. S. Lewis observou, "Perdoar por um momento não é difícil, mas continuar perdoando, perdoar a mesma ofensa cada vez que ela recorre à memória — essa é a verdadeira peleja."[10]

Durante a Segunda Guerra Mundial, a família de Corrie Ten Boom foi flagrada escondendo judeus. Ela e sua irmã foram enviadas para Ravensbruck, um dos campos de concentração nazistas, onde Corrie viu sua irmã e muitos outros morrerem. Em 1947, ela voltou para a Alemanha para propagar o evangelho.

Numa de suas palestras, Corrie falou sobre o perdão de Deus. Após o encontro, uma longa fila de pessoas esperava para falar com ela. Corrie viu, de pé na fila, um rosto terrivelmente familiar — um homem que tinha sido um dos guardas mais cruéis da prisão. Quando o viu, um turbilhão de lembranças dolorosas inundou sua mente. O homem se aproximou dela, esticou a mão e disse: "Bela mensagem, *Fraulein*. Como é bom saber que todos os nossos pecados estão no fundo do mar." Corrie não apertou a mão dele, mas ficou mexendo em sua bolsa. Seu sangue congelou. Ela o conhecia, mas obviamente ele não a tinha reconhecido. Era compreensível. Afinal, ela era apenas uma prisioneira sem rosto entre dezenas de milhares. Então ele falou: "Você mencionou Ravensbruck. Fui guarda lá. Mas desde então, me tornei um cristão. Sei que Deus perdoou as coisas cruéis que fiz lá, mas gostaria de ouvir isso também dos seus lábios." Novamente ele esticou a mão: "*Fraulein*, você me perdoa?"

Como ela poderia perdoar depois de tudo o que tinha acontecido? Sua mão não se movia, ainda que soubesse que o Senhor queria que ela o perdoasse. Tudo o que conseguia fazer era clamar internamente: "Jesus, me ajuda. Posso esticar a minha mão, mas tu terás que fazer o resto." Rígida, mecanicamente, ela levantou sua mão para pegar a dele. Estava agindo por obediência e fé, não por amor. Entretanto, mesmo assim, ela experimentou a graça transformadora de Deus e escreveu:

'Eu o perdoo, irmão!' gritei. 'Com todo o meu coração!' Por um longo momento seguramos a mão um do outro, o ex-guarda e a ex-prisioneira. Eu nunca tinha sentido o amor de Deus tão intensamente quanto senti naquela hora. Mas mesmo então, percebi que não era o meu amor. Tentei, e não tinha o poder. Foi o poder do Espírito Santo. [11]

NOTAS:

1. Wiesenthal, Simon — *The Sunflower*, ed. Schoken, Nova Iorque, 1997, pg.53-54.
2. Ibid.
3. Lewis, C.S. — *The Business of Heaven*, ed. Harcourt, San Diego, 1984, p.62.
4. McMinn, Mark R. — *Why Sin Matters*, ed. Tyndale, Wheaton, 2004, p.161.
5. Jones, L. Gregory — *Embodying Forgiveness*, Eerdmans, Grand Rapids, 1995, p.147.
6. Smedes, Lewis — *Perdoar e esquecer*, ed. Claridade, São Paulo, 2002.
7. Luskin, Frederic — *Nine steps to forgiveness*, extraído de www.learningtoforgive.com/nine_steps_to_forgiveness.htm
8. Bauer, Walter e Danker, Frederick — *The Greek-English lexicon of the New Testament and other early Christian literature*, University of Chicago Press, 2000.
9. Tutu, Desmond — *No future without forgiveness*, ed. Doubleday, Nova Iorque, 2000, p.270.
10. Lewis, C.S. — *Oração: cartas a Malcom*, ed. Vida, São Paulo, 2009.
11. Ten Boom, Corrie — *Tramp for the Lord*, ed. Christian Literature Crusade, Washington, 1974, p.57.

Capítulo 6

E QUANDO A INFIDELIDADE ACONTECE?

O DIA DE TERESA começou como a maioria dos dias normais de uma ativa mãe de três filhos. Levar as crianças à escola às 7h45, tomar um banho rápido, e uma xícara de café enquanto monta seu plano de ação para o dia. Ela tinha de devolver algumas compras em uma loja, comprar verduras, ir à lavanderia, correr à casa para almoçar, e conseguir chegar ao dentista às 13h15min. Em seguida, voltar rapidamente para casa e preparar o jantar antes de começar o agito dos esfomeados chegando da escola.

As idas e vindas demoraram — como é comum — mais que o esperado e, realmente, não daria tempo de almoçar em casa antes da consulta ao dentista. Então, Teresa decidiu fazer uma surpresa a Miguel, chegando ao seu escritório com seu prato oriental predileto — carne mongoliana.

Ao entrar no estacionamento do escritório, ela viu Miguel sair do prédio e ir em direção ao carro com sua secretária, Vitória. Teresa sentiu-se tensa. Seu marido lhe dissera, pela manhã, que não sairia para almoçar porque o projeto para a *Johnson's* precisaria ser entregue até às 17 horas.

Teresa observou Miguel e Vitória encostando-se enquanto andavam. Eles quase não tiravam os olhos um do outro! Na verdade, estavam tão absortos, que não pareciam perceber qualquer outra coisa.

Quando entraram no carro, Miguel abriu a porta para Vitória — como costumava fazer para Teresa. Ela jogou o cabelo ruivo ondulado sobre um dos ombros, sentou-se no banco de couro e pôs as pernas esguias para dentro do carro. O sorriso de aprovação de Miguel fez Teresa recordar seus dias de namoro. "Aquele é o sorriso que ele costumava dirigir a mim!", pensou ela. "Aquele é meu marido!"

Teresa olhava incrédula. "Eles são amantes!", como que gritou em voz baixa. "Era assim que ele e eu éramos quando namorávamos." Ela queria gritar, chorar e acabar com tudo de uma vez.

Sentiu-se impotente para acabar com a novela que se desenrolava diante de seus olhos.

Ela os seguiu ao deixarem o estacionamento. Miguel dirigiu até o apartamento de Vitória onde entraram. Teresa pensou que seu coração explodiria. Poucos minutos antes, sua vida era tão boa, tão normal. Agora, sentia-se como a vítima de um atropelamento seguido de fuga: atordoada, sangrando, abandonada e deixada para morrer, sozinha.

Ela quase desmaiou devido à concussão em seu coração e sua alma. "Isso não pode estar me acontecendo!", soluçou.

Muitos cônjuges, como Teresa, são pegos desprevenidos pelo golpe de traição decorrente de descobrir o caso amoroso de seu parceiro. Mesmo não tendo vivenciado isso em primeira mão, todos conhecemos alguém que sofreu os dolorosos ferimentos infligidos por um cônjuge infiel.

O objetivo deste capítulo é proporcionar compreensão e esperança a um cônjuge cujo casamento foi estilhaçado por um caso amoroso. Descreveremos níveis variados de infidelidade, rastrearemos suas raízes e percorreremos o processo de cura tão necessário após a descoberta da traição. Nosso desejo é ajudar um parceiro traído a pensar sobre como reagir a uma situação que parece avassaladora e sem esperança. Exploraremos de que maneiras o próprio Deus oferece respostas e certezas perenes que podem ajudar-nos a lidar com uma das mais dolorosas experiências humanas. Veremos que, a despeito da dor, perda e traição, existe esperança. A vida pode renascer, mesmo que seja mudada para sempre após um caso amoroso.

Em meio a devastação e mágoa, a presença de Deus proporciona a coragem convicta e a força sustentadora necessárias para percorrer a dor e a loucura do vale sombrio semelhante à morte (SALMO 23:4).

O QUE É UM CASO AMOROSO?

Todos os casos amorosos violam a confiança e envolvem infidelidade. Eles recaem em duas categorias principais: casos amorosos envolvendo contato físico e casos amorosos envolvendo adultério emocional.

Casos amorosos com envolvimento físico. Estes consistem em variados graus de contato físico e sexual entre uma pessoa casada e alguém que não seja seu cônjuge. Esses casos amorosos recaem em duas categorias: contatos sexuais evidentes e contatos físicos encobertos.

1. Contato sexual. Um caso amoroso pode ser definido como um relacionamento sexual com alguém diferente do próprio cônjuge, violando a aliança do casamento. A infidelidade pode envolver relação sexual, seja numa única ocasião ou como parte de um enredamento emocional duradouro. Mas a união sexual completa não é necessária para que ele seja considerado um caso amoroso sexual. Um relacionamento ilícito também pode ocorrer por meio de qualquer forma de contato físico íntimo com o propósito de estimular e sentir excitação sexual com alguém que não o próprio cônjuge, mesmo que isso não resulte em relação sexual.

2. Contato físico. Este caso amoroso envolve uma demonstração inadequada de toque físico ou de afeição sexual que ultrapassa os limites saudáveis de um relacionamento entre irmãos. Dependendo da intenção do coração, esta forma de toque encoberto incluiria, mas não se limitaria a, um abraço prolongado, um beijo na bochecha, um toque no braço ou na perna, mãos dadas ou encostar-se em alguém de maneiras lúdicas que indiquem mais do que um interesse casual ou preocupação pelo bem-estar da outra pessoa. Devido ao nível e o tipo de toque não serem explicitamente sexuais, e devido à real traição ser uma

intenção infiel do coração, esses indicadores visíveis são, às vezes, difíceis de interpretar.

Casos amorosos emocionais. Estes também violam a exclusividade do vínculo relacional do casamento. Quando pessoas casadas investem tempo, dinheiro, conversação e energia emocional que deveriam ser reservados aos seus parceiros, elas são culpadas de romperem a união com seus cônjuges pretendida por Deus (GÊNESIS 2:24). Isso incluiria coisas como enviar flores, cartas, cartões ou *emails* a alguém que não é o seu cônjuge. Jantares íntimos a sós, conversações e telefonemas envolvendo conteúdo pessoal e emocionalmente sensível à moda de "amizade" também estão incluídos. Em essência, qualquer ligação emocional com alguém mais — ligação essa, normalmente reservada ao próprio cônjuge — rompe a exclusividade do vínculo marital.

Todos os casos amorosos violam a confiança e envolvem infidelidade.

Casos amorosos emocionais podem ser mais fáceis de detectar do que casos amorosos físicos, porque interações inadequadas podem ser vistas. Mas podem ser mais difíceis de provar, porque os corações e as motivações estão ocultos.

Dadas as diferentes categorias de casos amorosos, alguns poderão perguntar se um caso amoroso emocional é adultério. Jesus deixou claro, porém, que o adultério é tanto uma traição do coração quanto do corpo (MATEUS 5:27,28). Ele ensinou que qualquer um que olhar com desejo para outra pessoa é culpado de adultério em seu coração, mesmo que o ato não seja consumado com comportamento sexual.

Por outro lado, embora não minimizando um caso amoroso emocional, Jesus disse que, quando um cônjuge ultrapassa o limite e transforma pensamentos adúlteros num caso amoroso físico, a traição é tão dolorosa que dá ao cônjuge ferido bases legítimas para o divórcio (MATEUS 5:31,32). Paulo deixou igualmente claro que a imoralidade sexual é um tipo singular de pecado que acarreta graves consequências (1 CORÍNTIOS 6:18). Embora a intenção original de Deus fosse a permanência no casamento, a dureza de coração e a traição sexual de um cônjuge infiel movem o coração de um Deus sábio e amoroso a permitir, a um cônjuge ofendido, a proteção de um divórcio (MATEUS 19:8,9).

Assim, embora exista uma forma de adultério do coração que pode devastar um casamento, a ferida causada pelo adultério sexual é uma traição tão completa, que Deus concede ao cônjuge fiel a liberdade de divorciar-se porque a aliança exclusiva de "uma só carne" foi violada.

Sendo assim, por que tantos que dizem temer e amar ao Senhor arriscariam tanto por tão pouco? Por que eles ignorariam a antiga sabedoria de Provérbios? "Tomará alguém fogo no seio, sem que as suas vestes se incendeiem? [...] O que adultera com uma mulher está fora de si; só mesmo quem quer arruinar-se é que pratica tal coisa" (PROVÉRBIOS 6:27,32).

COMO OS CÔNJUGES INFIÉIS "EXPLICAM" CASOS AMOROSOS

A maioria das pessoas pegas em um caso amoroso não dá a seus cônjuges uma resposta honesta ou adequada quanto ao seu comportamento. Em vez disso, elas escondem os motivos de seu coração e buscam maneiras de defender seus atos. Muitas transferem a culpa citando deficiências em seu cônjuge. Outras se escondem e esquivam, dizendo: "Não tem nada a ver com você. Você é uma pessoa maravilhosa. O errado sou eu." As duas respostas deixam os cônjuges feridos aturdidos por uma barragem de táticas de atribuição de culpa ou patinando sozinhos sem nada a fazer, porque "não tem nada a ver com eles". Muitos são deixados com muitas perguntas e poucas respostas.

Frequentemente, a racionalização de um cônjuge infiel é: "Se você soubesse o que eu tive de aguentar em casa, entenderia por que tive de procurar fora. Com ela, eu estava morrendo. Ninguém deveria ter de viver assim."

Embora o sexo esteja envolvido na maioria dos casos amorosos, muitas pessoas relatam que não têm casos amorosos somente pelo sexo. Algumas fazem isso, é claro; Mas muitas afirmam: "Apenas não me sentia mais conectado ao meu cônjuge. Sentia-me não reconhecido, entediado, não realizado e descontente." Muitas esposas justificaram seu caso amoroso revelando a seu marido: "Você não me faz mais feliz. Você presta mais atenção ao seu trabalho, esportes e TV do que em mim. Esteve ausente quando precisei de você e assim me empurrou para os braços dele."

Independentemente da lógica, no final, muitos cônjuges infiéis são seduzidos a acreditar no mito do "gramado mais verde". Provérbios 6:32,33 nos lembra de que a pessoa que comete adultério está fora de si, destrói a si mesma e enfrenta uma avalanche de vergonha. Transferir a culpa é a tática habitual para lidar com a vergonha. Mas independentemente do que ocorreu no relacionamento antes do caso amoroso, nenhum cônjuge é responsável pela falta de juízo e escolha de ser infiel de seu parceiro.

Devido à improbabilidade de cônjuges infiéis revelarem o que realmente se passa dentro deles, todo marido ou esposa traído é deixado com a importuna pergunta: "Por quê?" "O que fez meu cônjuge sair da linha e ter um caso amoroso? Foi ele/ela? Ou fui eu?"

O QUE FOMENTA UM CASO AMOROSO?

Casos amorosos são, primariamente, assuntos do coração. Embora fatores externos tentem, seduzam e aprisionem, no final é o coração que determina o caminho que alguém escolhe. A história bíblica de José e a mulher de Potifar ilustra isso (Gênesis 39). Foi por isso que o autor de Provérbios alertou seu jovem aprendiz de sabedoria: "Sobre tudo o que se deve guardar, guarda o coração, porque dele procedem as fontes da vida" (PROVÉRBIOS 4:23).

Mas não é possível guardar o que não se conhece. A maioria das pessoas não compreende os profundos desejos subjacentes do coração, aos quais está, inconscientemente, tentando satisfazer com prazer físico ou emocional. Embora muito tempo e energia sejam consumidos pelas preocupações da vida diária, pouco ou nenhum tempo é dedicado a explorar e compreender os desejos, esperanças e sonhos do coração.

Frequentemente, a explosão de paixão que irrompe num caso amoroso parece maior que a vida, porque toca nos desejos do coração que nunca foram realmente examinados ou compreendidos. Foi isso o que aconteceu com Miguel. Por não compreender os profundos desejos espirituais que poderiam tê-lo ajudado a renovar uma paixão saudável por sua esposa, ele se permitiu ser seduzido e capturado pela atenção e afeição de Vitória.

Para compreender por que qualquer pessoa pode ser vulnerável a bons desejos dados por Deus e que se extraviam, precisamos compreender que, em cada coração, existe fome, dor e insensatez.

Corações famintos. Todos desejamos algo mais do que os relacionamentos que nos foram dados. Algo lá dentro anseia ser envolvido em um romântico caso amoroso de proporções épicas. É por isso que o romance é o tema universal de toda boa história, incluindo a história da Bíblia. Fomos criados para um sagrado romance com o Amado de nossas almas (ISAÍAS 62:5; EFÉSIOS 5:25-32). G. K. Chesterton observou: "O homem que bate à porta do bordel está procurando por Deus."[1] O perigo, intriga, mistério e loucura de um caso amoroso ilícito promete satisfazer uma fome que, na realidade, só pode ser satisfeita em Deus. Quando esse desejo espiritual subjacente não é compreendido, nossa fome não satisfeita alimenta a imprudência que pode empurrar-nos para um caso amoroso, e as dolorosas decepções dos nossos relacionamentos parecem justificá-la.

Desejo por romance. O romance é muito mais do que fogos de artifício e a paixão que iniciam um relacionamento. Ele envolve busca apaixonada. Ansiamos ser perseguidos por alguém que nos conhece totalmente e se deleita em nós. O que frequentemente deixamos de perceber, porém, é que a maravilha do romance entre um marido e sua esposa não tem somente a função de aprofundar a satisfação recíproca, mas também a de despertar no coração uma compreensão mais profunda do amor do nosso Criador por nós. Um cônjuge amoroso pode espelhar a busca romântica de nosso Senhor amoroso. Muitos cônjuges que experimentaram o gosto do deleitar-se de Deus neles, através do brilho nos olhos de seu parceiro.

Quando não buscamos ao Senhor para preencher nossos mais profundos desejos, escolhemos outras pessoas para substituí-lo. Frequentemente, um cônjuge "cai numa armadilha" por recair sobre ele a expectativa de satisfazer nosso anseio mais profundo. Quando um cônjuge não corresponde (o que acontece com todos), nosso anseio pelo divino romance, pode ficar reduzido a um mero desejo físico de gratificação sexual, apoiado por nossa sociedade hedonista e autoindulgente.

Desejo de Conexão. Todos desejamos pertencer a alguém. Deus nos criou para conexão com Ele e com os outros. Jesus orou para que desfrutássemos da unidade que Ele tinha com Seu Pai (JOÃO 17:21). A unidade deve refletir-se na intimidade física e emocional do casamento (GÊNESIS 2:24).

Contudo, se não prestarmos atenção ao nosso coração, nos contentaremos com os sinais exteriores de conexão com nossos cônjuges sem desfrutar da unidade interior que Deus pretendia. Se não cultivarmos um relacionamento íntimo com o Senhor, nosso casamento será reduzido a um relacionamento de conveniência egocêntrica sem conexão significativa. Finalmente, buscaremos a satisfação da nossa "fome" em outro lugar.

Corações feridos. Frequentemente, nossa dor mais significativa toma a forma de decepção e traição no contexto de nossa fome por amor, aceitação e pertencimento. Todos levamos para nosso casamento uma dor emocional que pode ter vindo de relacionamentos turbulentos do passado ou de seu fracasso em proporcionar-nos amor genuíno.

Nossa visão do casamento é, frequentemente, turvada pela expectativa não realista de que nosso cônjuge finalmente satisfará nossa fome de romance e conexão. Embora um cônjuge amoroso e fiel possa proporcionar um delicioso sabor de genuína intimidade, nenhum cônjuge consegue compensar a falta de intimidade com Deus que o outro apresenta.

Lamentando a perda do romance. Todo cônjuge precisa enfrentar a decepção em seu casamento. Nenhum casamento escapa, porque o amor de nenhum cônjuge é perfeito, nem pode satisfazer nossa fome do romance divino. Se não enfrentarmos a decepção e não permitirmos que ela nos leve de volta a Deus, não apenas perderemos nosso romance com Ele, mas também sabotaremos um saudável deleite em nosso parceiro de casamento. Em vez de buscarmos nosso cônjuge, culpamo-lo por nossa dor. Em vez de lamentar a perda do romance em nosso relacionamento com Deus e com nosso cônjuge, usamos sutilmente nossa dor para justificar a busca de conforto emocional e físico nos braços de outra pessoa.

Sofrendo pela falta de conexão. Quando não nos sentimos ligados a alguém, sentimo-nos distantes. Em vez de sentirmos unicidade, sentimo-nos separados e solitários num relacionamento que parece ser hostil e não conciliatório.

Quando sentimos uma falta de conexão no casamento, logo vem a desilusão. Acabamos apenas indo ao sabor dos ventos, porque "nosso coração não está nele". Reduzimos nossas expectativas e vivemos pelo "dever", mas não por profundo desejo.

Até os bons casamentos são decepcionantes, difíceis e exigentes. Eles não satisfazem nossos mais profundos desejos, nem são tão isentos de dor quanto esperávamos. Em vez disso, eles são complicados e exigem constante manutenção.

O fascínio de um caso amoroso apela ao desejo de um relacionamento perfeito que satisfaça nossa fome, não inflija dor e não faça exigências. A sofrida frase "É triste pertencer a alguém quando aparece a pessoa certa" é a música tema para muitos cônjuges infiéis. A esperança é de que talvez a próxima pessoa satisfaça a fome de amor e seja um bálsamo para os ferimentos.

Na realidade, a busca de um caso amoroso para lidar com o próprio coração faminto e ferido é uma tentativa tola de levar alguém de volta ao Éden.

Corações tolos. A inclinação natural de todo coração humano é para a insensatez. Provérbios 22:15 nos lembra de nossas raízes: "A estultícia está ligada ao coração da criança." Ninguém aprende a insensatez. Ela faz parte do que herdamos de Adão e Eva. Em vez de levar nossa fome e dor para Deus, rebelamo-nos e tentamos lidar com ela sozinhos, de uma das seguintes maneiras:
- Desistindo do romance. Em vez de sentirmos a torturante dor de nosso anseio, negamos nossa necessidade de romance e

conexão dizendo que ela é um sonho tolo. Perder a esperança de ter um romance mais profundo com nosso cônjuge indica que abandonamos nosso chamado a amarmos nosso cônjuge como Deus o faz. Também indica que abandonamos nosso desejo de sermos amados por Deus. Tornamo-nos as "criaturas com meio coração" que C. S. Lewis descreve como

...envolvidas com bebida, sexo e ambição quando uma alegria infinita é oferecida a nós, como uma criança ignorante que quer continuar fazendo tortas de lama num cortiço porque não consegue imaginar o que significa a oferta de um feriado à beira-mar. Sentimos prazer com excessiva facilidade.²

- Entregando-nos a uma falsa conexão. A melhor imitação da verdadeira intimidade é a falsa intimidade proporcionada pela indulgência sexual. O sexo proibido dá uma sensação imediata e artificial de estar "vivo", quando, na realidade, mata o coração.

Todo caso amoroso é um afastar-se de Deus.

Pessoas que se envolvem em casos amorosos são enganadas por seu tolo coração pecaminoso e se recusam a lembrar-se de Deus. É impossível desfrutar de um caso amoroso e permanecer em íntima comunhão com o Senhor. Elas precisam dizer, em essência: "Sai da minha vida, Deus. Não posso desfrutar deste novo relacionamento na presença de Tua santidade e justiça."

Todo caso amoroso é um afastar-se de Deus. Mas com uma bizarra reviravolta. Pelo simples ato de afastar-se de Deus e trocar Sua verdade por uma mentira, parceiros infiéis são atormentados pelas duradouras consequências de seu pecado (ISAÍAS 50:10,11). Eles também se esquecem de que o Senhor é um marido ciumento, que usará até mesmo a insensatez dos cônjuges para despertar sua fome por Ele. A intenção de Deus é trazer de volta todo coração para Sua mesa, onde Ele os satisfará com o prazer de Sua própria presença (DEUTERONÔMIO 8:3).

Quando um caso amoroso é finalmente exposto, os dois cônjuges precisam embarcar numa jornada perigosa. A de Teresa começou quando ela se recusou a sofrer sozinha. Ela deixou o apartamento de Vitória e chamou uma amiga de confiança. Elas chamaram o líder de seu pequeno grupo na igreja. Ele contatou outro membro da liderança e, quando Miguel chegou a casa após o trabalho, os dois o estavam esperando com Teresa. A jornada havia começado.

A JORNADA DE CURA

Ao processar o caos trazido por um caso amoroso, as pessoas feridas precisam atravessar vários estágios em sua jornada de cura.

ESTÁGIO 1

Um tempo de sofrimento e tristeza. Nenhuma palavra descreve adequadamente o trauma sofrido por uma pessoa quando um caso amoroso de seu cônjuge é exposto. Muitas relatam ser a coisa mais terrível que já encararam, mais excruciante que perder um dos pais, receber um diagnóstico de câncer ou ser despedido. Um caso amoroso inflige um ferimento perverso ao coração de um cônjuge fiel. Um homem me contou que preferiria ter levado um tiro e ficado paralítico, do que enfrentar o caso amoroso de sua esposa.

Ao mesmo tempo, o cônjuge infiel também é forçado a lidar com emoções que delinearão, de muitas maneiras, o futuro de seu relacionamento.

Cônjuges Feridos. "Embora possa manter minha aparência exterior, estou sangrando por dentro e não consigo fazer isso parar." A maioria dos cônjuges traídos se sente como se fosse enlouquecer, especialmente durante os estágios iniciais de choque. Ao longo do processo de aconselhamento, eles invariavelmente perguntam: "Estou ficando louco?" Minha resposta é sempre a mesma: "Não, não está. O que você está sentindo é normal para o tipo de experiência que você está atravessando." Esse conforto não detém a montanha russa emocional que percorre o mundo deles a toda velocidade, mas confirma que seus sentimentos estão normais. Existem, no mínimo, quatro categorias de emoções sentidas pelos cônjuges feridos:

1. Sentem-se perdidos. Não há mais a sensação de estar intacto e íntegro. Eles se sentem como se tivessem perdido a voz no mundo. Sentem-se fragmentados, estilhaçados, confusos e desorientados. Não sabem a que lugar pertencem. Não é incomum estarem dirigindo-se de carro para algum lugar e esquecerem aonde estavam indo ou como chegar lá. O amor próprio está estilhaçado e, comumente, se perguntam: "Por que não falei antes, quando senti que algo estava errado?"

2. Sentem-se traídos. A traição pode remover do coração qualquer senso de constância, segurança e significado. Sentimentos de ser usado, descartado e rejeitado substituem os sentimentos de ter sido escolhido, especial e valorizado. Sua capacidade de confiar é solapada. Agora, todos, não apenas o cônjuge infiel, são suspeitos. Até a bondade e proteção de Deus são questionadas.

A traição pode remover do coração qualquer senso de constância, segurança e significado.

---

3. Sentem-se impotentes. A afirmação "Por mais que me esforce, não consigo consertar" indica perda de controle. A raiva provém de uma perda de controle. Eles sentem como se sua vida estivesse escorregando por entre os dedos. Frequentemente, ocorre uma perda de controle sobre seus pensamentos e ações. Pensamentos e sonhos obsessivos de seu cônjuge com um amante invadem seus dias e noites. Passar de carro compulsivamente em frente ao apartamento do(a) amante a cada 30 minutos, para ver se ele ou ela está lá, não é incomum. Eles perdem a esperança da vida voltar a ser boa. Habitualmente, raiva e depressão não demoram para surgir. Afirmações como "Desisto", "Nunca será o mesmo", "Quero morrer" e "Não há nada mais pelo que viver" são normais.
4. Sentem-se ambivalentes. Um conjunto de emoções conflitantes, todas gritando por atenção, os despedaça. Essas emoções conflitantes são comuns: vergonha e contentamento, alegria e tristeza, dor e vingança, medo e alívio. Uma esposa sentirá falta de seu marido e, ainda assim, estará feliz por ele ter ido embora. Ela flutuará entre desejar abraçá-lo e desejar bater nele, desejar perdoá-lo e desejar fazê-lo pagar. A ambivalência resulta no fechamento interior da pessoa — causando um torpor emocional que paralisa qualquer movimento produtivo em direção à cura.

Cônjuges Infiéis. A reação emocional dos infiéis pode ser variada, dependendo de sentirem-se culpados pelo caso amoroso ou justificados por tê-lo. Se eles se sentem justificados e estão preocupados por terem sido pegos, serão mais beligerantes. Se eles se sentem culpados e desejam encerrar o caso amoroso e restaurar o relacionamento marital, sua reação indicará quebrantamento e humildade.

Janis Abrahms Spring fornece uma lista de sentimentos intensos e contraditórios que descrevem adequadamente a ambivalência do cônjuge infiel:

1. Alívio — "Estou cansado de mentir sobre tudo isso e ficar pensando quando seria descoberto."
2. Impaciência — "Eu disse que lamentava e me afastei dela; o que mais você quer de mim?"
3. Ansiedade crônica — "Se me mantiver ocupado, estarei bem."
4. Raiva justificada — "Estou fazendo o que desejo e me sinto bem."
5. Ausência de culpa — "Fiz o que fiz, e pronto."
6. Isolamento — "Ninguém me ajuda."
7. Desesperança — "Esse relacionamento nunca dará certo."
8. Paralisia — "Sinto-me destruído. Não sei o que fazer."
9. Autorrejeição — "Sou um idiota. Por que arrisquei tudo que eu amava?"[3]

O cônjuge infiel também pode sentir *culpa* por ferir os filhos e *lamentar* a perda do amante.

Após um caso amoroso ser exposto, os parceiros maritais precisam assumir responsabilidade pessoal por buscar ajuda para percorrer o pântano de sentimentos e decisões necessárias que precisam ser tomadas para que possam progredir em sua jornada de cura. É virtualmente impossível, indivíduos lidarem com todas essas questões sozinhos. Eles necessitam de um conselheiro ou pastor com treinamento e experiência para ajudá-los a priorizar e resolver essas questões. Precisam desesperadamente do apoio emocional e do envolvimento em oração de amigos, da família e da comunidade da igreja, para darem conta da tarefa de restauração.

ESTÁGIO 2

Um tempo de decisão. Após um caso amoroso, muitos casais tentam, rapidamente, restaurar seu relacionamento rompido por uma variedade de razões —alguMas boas; outras, más. Frequentemente, amigos, família e líderes da igreja bem intencionados pressionam, inconscientemente, um cônjuge a reconciliar-se rapidamente com um parceiro infiel. Forçar uma decisão rápida é um engano. Provavelmente, um cônjuge fiel se sentirá censurado ou coagido a reconciliar-se rapidamente, especialmente se não foi dado ao cônjuge infiel tempo suficiente para demonstrar pesar e arrependimento confiáveis. É necessário tempo para que os dois parceiros revejam as questões e expressem seus esforços em seus próprios corações. Ambos perguntarão se a restauração é possível ou vale a pena. Uma decisão rápida num sentido ou no outro minimiza a gravidade do ocorrido e a necessidade de um processo de confrontação, confissão, arrependimento e perdão, que pode, ou não, levar a uma reconciliação no casamento. Decidir se alguém deve desistir ou empenhar-se é uma decisão monumental, que nunca deve ser tomada com leviandade.

Se você está neste estágio, busque aconselhamento sábio. Use todo o tempo necessário para revisar as incontáveis perguntas e ramificações dessa decisão que alterará sua vida. Não se decida rapidamente a tomar uma ou outra direção. Devote-se a oração (COLOSSENSES 4:2) e peça que outras pessoas intercedam por você (1 TESSALONICENSES 5:25). Dedique tempo a refletir sobre o que Deus está fazendo em seu coração e, também, aonde Ele parece estar encaminhando o relacionamento.

Para facilitar sua jornada, repassar algumas das perguntas abaixo poderá ajudá-lo a decidir qual caminho reflete mais fé, esperança e amor. A escolha entre divorciar-se ou reconstruir após um caso amoroso não será fácil para nenhum dos cônjuges. Escolhas importantes nunca são fáceis. Mas você ainda pode honrar a Deus em sua decisão.

A escolha entre divorciar-se ou reconstruir após um caso amoroso não será fácil para nenhum dos cônjuges.

Pode haver restauração se o caso amoroso ainda está ocorrendo? De forma alguma! É absurdo pensar que se possa fazer qualquer progresso genuíno na cura de feridas em um casamento se a arma que infligiu o ferimento ainda estiver nas mãos do agressor. Restaurar a exclusividade do casamento exige o corte de toda ligação e comunicação com o amante. Onde a lealdade é dividida, não há lealdade.

Como você saberá se seu parceiro infiel está, genuinamente, tentando reconstruir o casamento? Infelizmente, nada pode proporcionar o tipo de garantia que diminuirá os receios de um cônjuge traído. A decisão de reconstruir é arriscada. Contudo, um fator decisivo é a atitude do cônjuge infiel. Seria insensato até mesmo considerar reconciliação se existe um espírito exigente que força uma rápida resolução ou usa as deficiências do cônjuge fiel para justificar o caso amoroso. Um marido, ou uma esposa, infiel precisa aceitar o fato de que perdeu qualquer direito a um relacionamento restaurado.

Um cônjuge infiel precisa estar disposto a dedicar-se extraordinariamente a demonstrar, por meio de atos, a legitimidade de suas intenções de reconstruir o casamento. Constância e diligência nas áreas relacionadas abaixo possibilitarão ou impossibilitarão a reconciliação. O cônjuge ofendido, o conselheiro e a comunidade da igreja precisam trabalhar em conjunto para manter o cônjuge infiel prestando contas por essas áreas. Ele ou ela precisa fazer o seguinte:

1. Abandonar o caso amoroso cortando todo contato e comunicação com o amante. Isso pode ser feito por meio de uma carta registrada aprovada pelo cônjuge, ou de uma ligação telefônica monitorada pelo cônjuge e o conselheiro. Presentes ou lembranças trocados durante o caso amoroso precisam ser devolvidos ou destruídos.
2. Buscar aconselhamento individual e conjugal para identificar os motivos do caso amoroso e expor as questões

que precisam ser tratadas para pavimentar o caminho para a reconciliação.
3. Sair do lar (se solicitado pelo cônjuge ferido), mantendo, se necessário, as provisões financeiras para a família. Essa mudança não deverá, de forma alguma, permitir o restabelecimento do contato com o amante, mas proporcionar uma zona de proteção para o cônjuge ferido começar a sarar.
4. Ser paciente com a lentidão do perdão do indivíduo ofendido. Não pode existir exigência de "sacudir a poeira e dar a volta por cima".
5. Fazer todo o necessário para ajudar o cônjuge ferido a começar a confiar novamente. Isso inclui, mas não se limita a: mudar endereços de *email*, de moradia, de emprego se o caso amoroso aconteceu no trabalho, deixar um emprego que exija viagens com pernoite, e renunciar ao controle das finanças.
6. Prestar contas a vários indivíduos e casais de confiança que conhecem toda a história e têm acesso aos dois cônjuges.
7. Recusar-se a pedir a líderes da igreja ou a outras pessoas para ajudarem a pressionar o cônjuge fiel por rapidez no perdão e na restauração.

E se o infiel não cooperar? O cônjuge fiel deverá continuar em crescimento pessoal e espiritual, mas poderá precisar dar os passos adequados para separar-se do cônjuge que emocionalmente ainda representa risco. O compromisso de amar o cônjuge infiel é sempre obrigatório, mesmo que isso signifique amá-lo como a um inimigo (MATEUS 5:44; LUCAS 6:27,35).

A Bíblia exige que o cônjuge ferido aceite de volta o parceiro infiel? Esta pergunta é feita com frequência após o parceiro que se envolveu em um caso extraconjugal ter feito uma confissão pública de seu pecado sexual e pedido perdão, mas o cônjuge ferido mantém-se relutante em perdoar ou reconciliar-se. A chave está na palavra exigir. A Bíblia não exige que um cônjuge restaure o relacionamento após um caso amoroso, nem exige um divórcio. Embora Jesus tenha ensinado que o divórcio é permissível em caso de adultério sexual (MATEUS 19:9), a decisão de divorciar-se ou reconciliar-se é dada exclusivamente ao cônjuge traído. Devido à sua infidelidade, o cônjuge infiel rompeu a aliança do casamento e perdeu todos os direitos à decisão de divorciar-se ou reconciliar-se.

Se um cônjuge infiel se recusa a abandonar o amante ilícito ou se torna beligerante, fisicamente ameaçador ou abusivo, ou suspende o sustento financeiro à família, a resposta mais amorosa a tal crueldade e dureza de coração permanente pode ser o divórcio. Isso impede o cônjuge infiel de continuar seu desafio ativo à aliança do casamento e limita a possibilidade de abuso.

A decisão de divorciar-se ou reconciliar-se
é dada exclusivamente ao cônjuge traído.

Escolher divorciar-se é uma das mais temidas decisões que um cônjuge tomará, Mas em circunstâncias como essas, o divórcio é não somente permissível, mas também pode ser aconselhável.

Não se deve fazer um cônjuge traído sentir-se culpado por exercer a opção, dada por Deus, de um divórcio. Nesse caso, um cônjuge ferido ainda tem a oportunidade de demonstrar semelhança a Cristo ao longo de todo o processo de separação. Os termos do divórcio devem ser razoáveis e firmes, não vingativos. Vingança é uma coisa que Deus reserva para Si (ROMANOS 12:17-21).

Um casamento pode sobreviver a um caso amoroso? Ironicamente, alguns relacionamentos não apenas sobrevivem, mas florescem após um caso amoroso. Por quê? Todo o fingimento e a negação que podem ter ajudado no desenvolvimento do caso amoroso foram arrancados. Os cônjuges são, agora, capazes de ver o outro com mais honestidade do que antes da traição.

Este não é um aval para a insensata noção de que "casos amorosos são bons para um casamento"; é um reflexo do plano redentor de Deus, de usar coisas originalmente destinadas ao mal, para realizar Seus bons propósitos no coração do Seu povo (GÊNESIS 50:20).

É altamente improvável, porém, que uma mudança duradoura se enraíze e cresça sem que os cônjuges se deem conta de sua contribuição individual para a tribulação no relacionamento. Isto não implica, de maneira alguma, que o cônjuge fiel seja responsável pela escolha de seu parceiro quanto a ter um caso amoroso. Também não permite ao traidor justificar o caso amoroso com base nas deficiências de seu parceiro. Ninguém é responsável pelas escolhas de outra pessoa. Mas os dois precisam estar dispostos a rever suas histórias individuais e mútuas, seus estilos de relacionamento e suas contribuições para os problemas no relacionamento deles.

Embora seja necessário cuidado para não minimizar ou desculpar a traição do cônjuge infiel, é provável que algumas tensões tenham existido no casamento antes do caso amoroso. Em seu livro *The healing path* (O caminho da cura), Dan Allender observa: "Nenhum fracasso de uma esposa ou de um marido causa ou desculpa um caso amoroso; mesmo assim, a espiral descendente que leva a um caso amoroso envolve, habitualmente, fracasso mútuo."[4] A questão de fracasso mútuo precisa ser cuidadosamente definida e explorada se existirem confissão e perdão mútuos que produzem uma unidade renovada.

ESTÁGIO 3

Um tempo de reconstruir. Construir um bom casamento é sempre uma batalha morro acima — mesmo quando não há um caso amoroso. Exige esforço, sacrifício, humildade, confissão, perdão, compreensão e amor. Casais que fazem a corajosa escolha de reconstruir seu relacionamento após um caso amoroso descobrem que as questões centrais não mudam. Mas o nível de intensidade que foi elevado pela traição e pela desconfiança precisa ser, agora, atacado e vencido. A traição esmaga a confiança entre um marido e uma esposa. Sem confiança, um relacionamento não pode crescer. Assim, o principal trabalho na cura de um casamento rompido é reconstruir a confiança e restaurar a amizade.

Reconstruir a confiança dizendo a verdade. Casos amorosos se desenvolvem em sigilo. Engano é essencial à duplicidade que possibilita um caso amoroso. O marido traído que recebeu uma dieta constante de engano tem fome da verdade de sua esposa. Frequentemente, ele dirá: "Não me importa que ela seja ruim, apenas diga-me a verdade! Eu consigo assimilar a verdade. Não suporto mais as mentiras."

Embora a força de um caso amoroso possa estar no segredo, a fraqueza de um casamento pode estar em evitar o assunto.[5] Dizer a verdade significa que os dois cônjuges abandonarão o fingimento. A premissa é que, embora a duplicidade do cônjuge infiel seja mais facilmente vista, os dois indivíduos têm corações fingidos (JEREMIAS 17:9), desafiando-se mutuamente numa bizarra dança de engano. Um mentiu; o outro olhou para o outro lado. Um ficou zangado e indignado; o outro retrocedeu. Um se afastou; o outro não perseguiu. Um ignorou; o outro evitou. "Falar a verdade em amor" uns com os outros (EFÉSIOS 4:15) significa admitir a dança e a participação de cada um nela.

O propósito de falar a verdade é lançar as questões na mesa, onde elas poderão ser tratadas. Significa ficar limpo—não apenas expor um ao outro, mas admitir seus próprios sentimentos e atitudes presentes. Envolve perguntar e responder honestamente a perguntas de três categorias:

O Caso Amoroso. O que aconteceu? Com quem? Quando começou? Quanto tempo durou? Já terminou? Este é um grande teste para o cônjuge infiel. Ele ou ela precisa ser totalmente honesto e dizer ao cônjuge ferido o que quer que ele ou ela deseje saber sobre a extensão e a duração do caso amoroso, mas não todos os detalhes sórdidos. Às vezes, o cônjuge ofendido acredita que o conhecimento dos detalhes proporcionará o controle necessário para impedir a recorrência de um caso amoroso. Não proporcionará. Conhecer os detalhes poderá somente inflamar o ferimento, enchendo a mente com imagens que só dificultarão a superação. É aqui que um conselheiro experiente pode ajudar um casal a passar por novas revelações sobre o caso amoroso e não ficar atolado em detalhes que não se prestem a uma boa finalidade.

O Dano. O cônjuge ferido precisa compartilhar honestamente quanta dor o caso amoroso lhe causou. O cônjuge infiel não deve ficar na defensiva ou tentar explicar, mas realmente escutar, absorver e compreender o sofrimento do outro.

O Relacionamento. Os dois cônjuges precisam conversar honestamente sobre a maneira como se relacionam um com o outro, quais dificuldades enfrentam pessoalmente e como isso afetou seu relacionamento em todas as áreas. Eles necessitam da ajuda de um conselheiro sábio para estabelecer a conexão entre suas dificuldades passadas e presentes. Isso envolve ver de que maneira suas dificuldades singulares refletem um fracasso em confiar em Deus — o que enfraquece seu relacionamento, fere aqueles por quem mais se importam e os torna vulneráveis a muitas escolhas autodestrutivas, uma das quais é o caso amoroso.

Falar a verdade abre a porta para a confissão que expurga e para a dor que cura.

Reconstrução da confiança através da confissão. A confissão precisa ser específica. Não é suficiente dizer: "Lamento ter tido um caso amoroso. Você pode perdoar-me?" Os comportamentos, atitudes e reações específicos que infligiram tanta dor e sofrimento precisam ser individualmente denominados, reconhecidos e ligados ao dano de que falamos anteriormente. Quando um cônjuge confessa a Deus (SALMO 51) e ao seu parceiro a culpa pelos ferimentos individuais infligidos, isso pavimenta o caminho para um pesar que se aprofunda e leva a arrependimento e mudança (2 CORÍNTIOS 7:10). A confissão é necessária para cura do corpo, da alma e dos relacionamentos (TIAGO 5:16). Ela também traz esperança, porque Deus garante que "o que encobre as suas transgressões jamais prosperará; mas o que as confessa e deixa alcançará misericórdia" (PROVÉRBIOS 28:13).

A confissão precisa ser mútua. Raramente um dos cônjuges não pode ser culpado de nada. Embora não culpado pelo caso amoroso, o cônjuge ofendido apresentou falhas no amor, que precisam ser nominadas e confessadas ao cônjuge infiel e a Deus.

Outros casos amorosos devem ser confessados? Isto é sempre arriscado. Cada situação precisa ser avaliada individualmente. Mas dada a propensão humana para o engano, seria uma boa ideia limpar tudo de uma vez, em vez de arriscar uma futura exposição que solaparia qualquer progresso feito na reconstrução da confiança. Novamente, é necessário o cuidado de guardar-se contra a exposição desnecessária dos detalhes sórdidos.

A quem é necessário contar? Nem todos precisam saber. Certamente, aqueles diretamente afetados pelo caso amoroso — a família da pessoa. Seu pastor, pequeno grupo e alguns amigos de confiança precisam saber, para poderem ajudar no processo de reconstrução. Se um dos pais precisar deixar o lar durante algum tempo, os filhos deverão saber em termos gerais, mas nada específico. Embora os adolescentes possam suspeitar, não presuma que eles saibam. Se existir evidência de que eles sabem, os pais deverão contar-lhes juntos e prepará-los para as mudanças que poderão ocorrer, mas evitando revelar detalhes desnecessários.

Reconstrução da confiança através do arrependimento. A melhor descrição de arrependimento vem dos lábios do segundo rei de Israel cujo adultério abalou a nação:

Sacrifícios agradáveis a Deus são o espírito quebrantado; coração compungido e contrito, não o desprezarás, ó Deus (SALMO 51:17).

Quais são os sinais de um coração arrependido? (Veja a lista nas páginas 160-161.) Uma atitude humilde, sem exigências e nem defensiva quando perguntado. Uma franqueza que substitui o engano. O desejo de prestar contas de tempo, dinheiro e aonde vai. Não culpar ou dar desculpas por falhas. Aceitação serena das consequências.

O arrependimento humilde de um traidor em palavras e atos pavimentará o caminho para o traído voltar a arriscar abrir seu coração e oferecer o doce fruto do perdão que pode levar à restauração e renovada alegria.

Reconstrução do relacionamento através do perdão. O pecado sempre está diante daqueles que tiveram um caso amoroso (SALMO 51:3), mas também do seu cônjuge. Ele criou uma dívida que permanece pendente e exige uma reação.

A reação natural seria vingança — fazer o traidor pagar. Mas Deus nos chama para um padrão radical de amor que prega a misericórdia, não a vingança (ROMANOS 12:17-21). Ele nos chama a sermos "uns para com os outros benignos, compassivos, perdoando-vos uns aos outros, como também Deus, em Cristo, vos perdoou" (EFÉSIOS 4:32). Isso não parece justo, especialmente quando a ferida foi tão profunda. Parece minimizar nossa dor e deixar o ofensor incólume. Mas perdão não é isso.

Jesus ensinou que perdão é o cancelamento amoroso e voluntário de uma dívida (LUCAS 7:36-48). Isso não significa que a dor ou a raiva desaparecerão miraculosamente ou que as consequências das escolhas pecaminosas evaporarão. Quando o traído enxerga sinais de arrependimento (LUCAS 17:3,4), o perdão abre o coração à reconciliação baseada em respeito mútuo, misericórdia, gratidão e amor.

Reconstruindo o relacionamento pelo reinício da intimidade física. Após a revelação de um caso amoroso, os dois cônjuges devem fazer testes de AIDS e outras doenças sexualmente transmissíveis. Esta é uma experiência humilhante, mas necessária. Na maioria dos casos, um mínimo de 6 meses de abstinência de relações sexuais é necessário para proteger a saúde do cônjuge fiel. Se o teste de AIDS for positivo, o casal terá de lamentar e aceitar a perda de certas formas de intimidade sexual, para não colocar em perigo o parceiro não infectado.

A regra para o reinício da intimidade sexual após um caso amoroso é prosseguir lentamente. O retorno ao lar após um tempo de separação não significa automaticamente retornar ao quarto e à intimidade sexual. Um cônjuge cujo parceiro teve um caso amoroso poderá desejar tentar satisfazer todas as necessidades sexuais do parceiro, por medo de que ele (ou ela) possa ir buscá-lo em outro lugar. O parceiro infiel precisará tranquilizar o cônjuge ferido de que ele, ou ela, não fará isso e será paciente.

Tentar evitar uma recaída usando intimidade sexual é tolice, e não é uma celebração de amor da maneira como Deus pretende que o sexo seja desfrutado. O casal também precisará ter algumas longas conversas sobre o medo, significado, uso e expressão da intimidade sexual em seu relacionamento, antes de voltar a ter relações sexuais.

RECUPERAÇÃO DO CORAÇÃO

Se um coração desprotegido é o que desencadeia um caso amoroso, a melhor defesa contra um caso amoroso é guardar nosso coração. Isso nos livrará de vivermos plenamente um romance de proporções épicas. O apóstolo Paulo expressou esse viver plenamente ao escrever:

> ...*minha ardente expectativa e esperança de que em nada serei envergonhado; antes, com toda a ousadia, como sempre, também agora, será Cristo engrandecido no meu corpo, quer pela vida, quer pela morte. Porquanto, para mim, o viver é Cristo, e o morrer é lucro* (FILIPENSES 1:20,21).

Viver plenamente significa viver em redenção. É iniciar cada dia com coragem, antecipando o que Deus fará em nós e por meio de nós devido à nossa confiança de fazermos parte da mais apaixonada história de amor de todos os tempos — a história da redenção.

Mas viver plenamente nos coloca em contato com nossa dor neste mundo e nossa fome pelo céu. Paulo descreveu a inescapável tensão do viver plenamente como gemer internamente num mundo doloroso, do qual não podemos escapar enquanto aguardamos ansiosamente nossa morada eterna que não podemos criar (ROMANOS 8:23).

Oswald Chambers reconheceu que a única maneira de silenciar nosso desejo pelo céu agora é abraçar, de todo o coração, a vida com o pleno conhecimento de que "existe um único Ser que pode satisfazer o último doloroso abismo do coração humano: o Senhor Jesus Cristo". O salmista disse da seguinte maneira:

Quem mais tenho eu no céu? Não há outro em quem eu me compraza na terra (SALMO 73:25).

Quando nosso coração é arrebatado pelo amor do nosso Deus que sacrificaria tudo por nós, Seu pedido de amarmos aos outros como Ele nos amou se torna uma delícia e não um mero dever. Seu perfeito amor lança fora todo o nosso medo de amar (1 JOÃO 4:11,18) e abre nosso coração à vida de redenção, que pode triunfar sobre a mais mortífera das traições ao coração — um caso amoroso.

Poucas coisas têm mais poder de atrair os outros à vida plena do que as histórias da obra redentora de Deus na vida de Seu povo. Nossas histórias de tragédia e triunfo, sofrimento e celebração são pequenas partes da história maior do Senhor. Assim, compartilhar nossas histórias é crucial para a construção de uma comunidade de fé que recorda como Deus agiu no passado, de esperança que sonha com o que Ele ainda fará no futuro, e de amor que se move com confiança e coragem para redimir o presente em face do mal (EFÉSIOS 5:16).

Por isso, compartilhem suas histórias.

NOTAS

1. Curtis, Brent e Eldredge, John — *The Sacred Romance*, ed. Thomas Nelson, 2001.
2. Lewis, C. S. — *O Peso da Glória*, ed. Vida, São Paulo, 2011.
3. Spring, Janis Abrahms — *Depois do Caso*, ed. Record, Rio de Janeiro,1997.
4. Allender, Dan — *The healing path*, ed. Random House, 2000.
5. Pittman, Frank — *Mentiras Privadas – a infidelidade e a traição da intimidade*, ed. Artes Médicas, Porto Alegre, 1994.

Capítulo 7

REACENDENDO A INTIMIDADE EM SEU CASAMENTO

E LA ESTAVA RADIANTE em seu vestido de *chiffon* branco, drapeado e com laço, o véu translúcido mal podia esconder sua empolgação. Ele estava belo em seu *smoking* — impressionante, forte e cheio de expectativa, enquanto esperava a chegada da noiva à frente do altar, quando eles oficialmente uniriam suas vidas um ao outro. A cerimônia e celebração desse momento são como a coroação de um príncipe e sua princesa.

Mas esse não é um casamento da realeza. Cerimônias como essa e emoções similares acontecem todos os dias ao redor do mundo. Um homem e uma mulher fundem suas vidas com as mais elevadas expectativas e as selam com um beijo. Esse é o drama de inúmeros filmes e romances, poemas e peças teatrais, contos e lendas. Duas pessoas se dão uma à outra e, então, vivem felizes para sempre. Ou não?

Enquanto muitos parecem amar o casamento, outros se mostram céticos a respeito dele. As suspeitas são justificáveis. Os previsíveis desapontamentos invadem todos os relacionamentos. A desilusão corrói a esperança dos casais que um dia estiveram diante do altar e fizeram um ao outro a promessa: "até que a morte nos separe".

Muito frequentemente, sonhos destruídos e corações partidos chegam aos tribunais para acabar com a dor que teve início com essa promessa. Relacionamentos deteriorados são abandonados, com frequência alarmante, como peças de uma velha mobília. Por vezes não há outra opção. Porém, na maioria das vezes, o de que se necessita é uma nova visão do que pode ser restaurado, em vez de substituído.

Uma mesa de carvalho novinha em folha, comprada em uma loja de móveis, enfeitava um belo restaurante. Depois de alguns anos, o restaurante havia mudado de proprietário várias vezes. Finalmente, o edifício foi vendido e o restaurante foi remodelado e transformado em escritórios. A mesa, agora desgastada e riscada, faltando pernas e coberta por camadas de tinta, foi descartada com o lixo. Contudo, ela chamou a atenção de um carpinteiro. Ele ficou com a mesa e guardou-a em sua oficina, com a intenção de um dia fazer algo com ela.

A mesa permaneceu por anos em um canto da oficina, até que um dia ele decidiu arrancar seu antigo acabamento — o que revelou os belos nós do carvalho. Encantado, ele a lixou, aperfeiçoando-a, e então fez novas e robustas pernas para ela. Restaurada à sua beleza e imponência original, o móvel agora embelezava o lar do mestre marceneiro. Todos os que a viam ficavam impressionados: que grande perda teria sido, se um novo olhar não tivesse descoberto o que havia escondido por trás das velhas camadas de tinta.

Casamentos desgastados e deteriorados geralmente podem ser restaurados como essa mesa em minha sala. Mesmo depois que os sonhos iniciais foram comprometidos e prejudicados ao ponto de os valores do casamento serem questionados, ainda pode haver esperança. Embora muitas vezes as alianças de casamento sejam quebradas de modo irreparável, a maioria de nós pode encontrar esperança no Deus que quer uma oportunidade para nos ensinar a amar um ao outro como Ele nos amou primeiro.

O objetivo deste capítulo é que vejamos as possibilidades que surgem quando o maior Carpinteiro de todos recebe permissão para mostrar o que Ele pode fazer com vidas destruídas por problemas familiares.

Nesse processo, olharemos juntos para o plano original de Deus quanto a unidade no casamento. Vamos avaliar o impacto do desgaste espiritual e da destruição que tem causado tanta dor. E descobriremos como o próprio Deus nos levará a compartilhar novamente das maravilhas de Seu plano original. Esse é nosso objetivo, porém, primeiramente veremos alguns mitos que devem ser desmascarados.

MITOS COMUNS A RESPEITO DO CASAMENTO

Todos nós trazemos mitos para dentro de nosso casamento. Todos trazem ou compartilham de expectativas irrealistas formadas por pais e amigos, pela educação, pela mídia, igreja e cultura. Quando esses sonhos cedem lugar a noites infelizes e manhãs realistas, o casamento perde seu brilho. O desapontamento, a desilusão e o cinismo se instalam. Com muita frequência, os cônjuges começam a pensar que cometeram um erro e se casaram com a pessoa errada. Alguns se tornam inquietos e procuram outra "pessoa especial" que possa concretizar suas esperanças e sonhos frustrados. Outros, em vez de incorrerem no risco tentador de buscarem satisfação fora do relacionamento, gradualmente tornam o coração adormecido e negam o desejo por outra pessoa. O alvo passa a ser resistir. O sonho do prazer se desvanece como um fraco lampejo do passado.

Cinco dos mitos mais comuns a respeito do casamento que geram expectativas irrealistas são:

O mito "Tudo para mim" da satisfação pessoal é expresso no pensamento não declarado: "Finalmente tenho alguém que satisfará minhas necessidades." Esse mito nasce de uma preocupação centrada em si e com aquilo que parece ser o melhor para *mim*. O casamento não é visto como um relacionamento *nosso* e sim como um esquema planejado para satisfazer às *minhas* necessidades. Esse mito vem à tona com a percepção de que um casamento saudável necessita que duas pessoas estejam comprometidas uma com a outra, e não de dois indivíduos buscando autossatisfação.

O mito do "Casamento é fácil" nasce da compreensão legítima de que fardos compartilhados são mais fáceis de carregar. Um homem e uma mulher comprometidos geralmente pressupõem: "As coisas se tornarão mais fáceis agora que tenho alguém para ajudar a carregar o fardo." Embora isso possa ser real no aspecto financeiro, a combinação de duas pessoas de gêneros, contextos, experiências e expectativas diferentes, acrescenta um misto de mistério e insensatez à relação. O mito do "casamento é fácil" geralmente começa a morrer depois que a lua de mel acaba e depois que surge uma série de discussões acaloradas sobre dinheiro, sexo, parentes, programas, amigos, peso, aparência ou porque há um arranhão na lateral do carro.

O mito do "Sem esforço" representa uma abordagem passiva e irresponsável a respeito do casamento. Ela é a premissa de que "se um casamento é satisfatório, simplesmente aconteceu — como mágica".

Os esforços e as escolhas difíceis não são encarados como componentes necessários a uma parceria conjugal saudável. Pelo contrário, aqueles que sustentam esse mito acreditam que, se eles tiverem que se esforçar para desenvolver seu casamento, algo deve estar errado. E esse "algo" rapidamente se transforma em "alguém" que precisa ser controlado, transformado ou substituído.

O mito da "Felicidade" provavelmente é o mais comum e o mais mortífero para os casamentos. "E viverão felizes para sempre" é a expectativa para todo casamento. O mito parte do princípio de que *minha* felicidade pessoal é o objetivo final do casamento. Até a frase "bem casados" sugere que tal casamento deverá trazer uma vida inteira de felicidade. No entanto, o tempo revela que tais expectativas irrealistas são cronicamente irracionais. A esperança de que "o cônjuge sempre me fará feliz" é impossível de ser realizada.

O mito do "Amor perdido" fundamenta-se na crença de que o amor é apenas um sentimento. A partir do momento em que as afeições iniciais intensas deixam de existir em relação ao cônjuge devido às realidades da vida a dois, muitos acreditam que o amor já não mais existe. Os casais começam a temer que o "amor tenha acabado" e começam a duvidar de que possam voltar a amar. Nesse mito, as escolhas e o comprometimento não são vistos como parte de um relacionamento ideal. O amor é considerado um sentimento frágil e instável.

Muitos casais brigam ou desistem do casamento devido aos mitos estabelecidos. Eles desistem bem antes de descobrir o quadro radicalmente diferente que Deus traçou na Bíblia. É a maravilha, o projeto e a "unidade" desse relacionamento que iremos analisar aqui.

O IDEAL DA UNIDADE: O CASAMENTO NA MENTE DE DEUS

Gênesis é o livro do início. Enquanto relata a história da criação, ele também descreve o primeiro casamento — entre o primeiro homem e a primeira mulher. Para compreender melhor o plano original do Criador para o relacionamento conjugal, é essencial analisarmos cuidadosamente o que Deus tinha em mente "no princípio". "Criou Deus, pois, o homem à sua imagem, à imagem de Deus o criou; homem e mulher os criou" (GÊNESIS 1:27).

Esse texto mostra que Deus tem em Sua mente algo exclusivamente diferente para o ser humano do que tem para o restante da criação. Enquanto toda a criação reflete o maravilhoso poder e a genialidade criativa da mente de Deus, o homem e a mulher foram exclusivamente criados para refletir o coração de seu Criador. Maridos e esposas devem refletir a bondade e a grandeza daquele que os criou. Até o processo que Deus utilizou para trazer nossos primeiros pais à existência sugere o lugar significativo que o ser humano ocupa em Seu plano.

Em vez de liberar uma ordem para que o homem viesse a existir, como Ele havia feito com tudo o mais (GÊNESIS 1:3,6,9,14,20,24), Deus demonstrou um cuidado especial fazendo uso de Suas próprias "mãos" para moldar e formar Adão. De acordo com o livro de Gênesis o Senhor formou o homem do "pó da terra" e, então, soprou em Sua criação Seu próprio fôlego de vida (2:7).

A imagem por trás da palavra *formado* é a de um escultor que umedece a argila seca e, comprimindo-a, molda-a exatamente de acordo com o modelo desejado. Não há dúvida de que o grau de interesse de Deus nesse ato especial de criação está relacionado ao fato de que Ele estava fazendo a criatura de acordo com Sua própria imagem. Adão foi equipado com as capacidades de ser pessoa à semelhança de Deus.

Estudiosos da Bíblia afirmam que habilidades como pensar, sentir, fazer escolhas, relacionar-se e comunicar-se com palavras são manifestações da imagem de Deus no homem.

Dessa forma, o Senhor estabeleceu esse homem perfeito no ambiente perfeito do jardim do Éden e deu-lhe a responsabilidade de governá-lo (GÊNESIS 1:26). Estava tudo bem com o mundo — ou pelo menos era o que se esperava de um mundo perfeito. Mas o que o próprio Deus comentou sobre a situação revela que algo não "era bom" (2:18). O homem estava sozinho. Esse era o problema. O Criador havia se esquecido de criar uma companheira? Dificilmente. Mas por que Ele simplesmente não formou um par de alMas soprando dentro delas Seu fôlego divino de vida, e deu início ao primeiro casamento logo no começo? Isso teria sido o óbvio. Porém, o Senhor não é um Deus de obviedade e suposições.

Deus não limita a si mesmo apenas aos fatos da narrativa, mas também revela vislumbres de Seu coração na maneira como nos conta a história. Devemos ler a Bíblia com a mente e com o coração para compreender as implicações que dizem respeito a nós como leitores contemporâneos.

O Senhor ofereceu uma solução para a solidão de Adão. Contudo, antes, deu-lhe uma incumbência — dar nome aos animais.

A necessidade de companhia. Dar a Adão a tarefa de nominar todos os animais que Deus havia criado (2:19,20) parece fora de contexto no fluxo natural da história. Poderíamos supor que naquele momento o Senhor fosse identificar a necessidade de Adão por uma auxiliadora (2:18) que ele receberia posteriormente (2:21,22). As declarações anteriores e posteriores ao relato da incumbência de Adão, contudo, demonstram que Deus estava usando seu encargo para ensinar-lhe algo. O Criador queria que Adão aprendesse a necessidade de companhia descobrindo por si próprio três verdades eternas.

Não é bom que o homem esteja só. Deus sabia que, pelo fato de Adão se encontrar sozinho, ele necessitava de uma companheira para ajudá-lo (2:18). Adão parecia inconsciente de sua solidão. Contudo, no processo de nominar os animais ele se tornou consciente de algo. Percebeu que cada animal que Deus lhe havia trazido possuía uma companheira "de acordo com suas espécies" (registrado sete vezes em Gênesis 1). Deus criou companheiras para os animais. O conhecimento que o Senhor possuía no início da criação do homem foi descoberto por Adão no processo dar nome aos animais —não havia ninguém de sua própria espécie com quem poderia se relacionar. Ele experimentou a solidão humana. Ansiou por comunhão com outro ser semelhante a ele. Descobriu que realizar um bom trabalho não poderia substituir um relacionamento significativo.

O trabalho do homem não é suficiente para satisfazê-lo. Coloque-se no lugar de Adão. Imagine a alegria que ele deve ter sentido ao se ver trabalhando ativamente com Deus. Ele não era simplesmente uma de suas criaturas. Pelo contrário, estava fazendo a diferença em seu mundo. Que privilégio receber o encargo e a confiança no processo criativo de dar nome aos animais! Adão sentiu, pela primeira vez, o gosto de ter sido feito à imagem do Deus Criador, experimentando a alegria do trabalho criativo. A imagem de Deus nele deve tê-lo maravilhado e lhe trazido humildade. Ao mesmo tempo que ele deve ter ficado estimulado com a monumental tarefa de nominar os animais que Deus havia criado, Adão logo percebeu que o trabalho criativo jamais preencheria seu desejo por relacionamento. O gerenciamento criativo do jardim era uma expressão da semelhança com Deus, porém, o homem foi projetado para refletir a imagem de Deus mais plenamente no contexto dos relacionamentos. Surpreendentemente, Adão descobriu que seu anseio por relacionamento não fora plenamente satisfeito por seu relacionamento com Deus.

Relacionar-se apenas com Deus não é o bastante. Para aqueles que estão familiarizados com a Bíblia isso pode parecer uma heresia. As palavras de Asafe retinem aos nossos ouvidos: "Quem mais tenho eu no céu? Não há outro em quem eu me compraza na terra" (SALMO 73:25). Contudo, foi o próprio Deus quem planejou que Adão se relacionasse com outra pessoa além dele. Ele fez o homem profundamente conectado também a outras pessoas. Jesus reafirmou o plano de Deus em Mateus 22:37-40 quando declarou que o resumo de toda a lei e dos profetas estava sintetizado em dois mandamentos: amar a Deus e amar ao próximo. O propósito do Senhor sempre foi o de termos um relacionamento apaixonadamente sincero com Ele que exceda os relacionamentos amorosos com as outras pessoas.

Assim, Deus planejou que Adão descobrisse, por meio de seu próprio trabalho, que ele havia sido criado e dotado para o companheirismo. A solução de Deus para a solidão do homem foi uma mulher.

A criação de uma parceira. Deus fez Adão dormir e, então, formou uma mulher da substância que ele retirou de seu lado (GÊNESIS 2:21,22). Dizer simplesmente que "Deus fez uma mulher" é uma tradução hebraica muito superficial (v.22). É mais descritivo dizer que Deus "construiu" uma mulher com Suas próprias mãos — exatamente como ele esculpiu o homem a partir do pó. Novamente, como na criação de Adão, o Senhor estava intimamente comprometido na feitura de uma mulher sob medida para o homem.

O par perfeito para o homem. É difícil para nós a compreensão do que Adão experimentou quando despertou do sono divinamente induzido e foi apresentado à primeira mulher. O autor bíblico registra suas palavras diante da visão da beleza feminina: "Esta, afinal, é osso dos meus ossos e carne da minha carne; chamar-se-á varoa, porquanto do varão foi tomada" (GÊNESIS 2:23).

Adão deve ter sido tomado por uma exuberante alegria, pois ele rompeu em versos poéticos — uma reação não muito comum para a maioria dos homens! Antes de sua "cirurgia", Adão sabia que ele era o único de sua espécie, mas agora Deus havia criado outra pessoa como ele. Reconheceu imediatamente que a mulher era semelhante a ele, mais do que qualquer outra criatura e, contudo, única e maravilhosamente distinta. Ele deve ter se sentido atraído por ela de todas as maneiras possíveis, pois Deus sabia exatamente do que o homem mais necessitava e o que mais desejava. Acredito que podemos declarar com certeza que algo profundo dentro do coração masculino de Adão surgiu em relação à mulher que tão perfeitamente o preenchia e completava. Certamente não foi apenas seu corpo que o agradou; foi o potencial de relacionamento com alguém que era tão obviamente seu par.

O complemento perfeito. Com o tempo ficaria aparente de que o plano de Deus era que o homem amasse e protegesse a mulher da mesma forma que o próprio Senhor cuidava de ambos (EFÉSIOS 5:25). Assim, desde as primeiras páginas de Gênesis entendemos que a mulher foi feita do homem e para o homem (1 CORÍNTIOS 11:8-12). Ela era a auxiliadora especialmente criada por Deus e à Sua imagem para completar o que estava faltando em Adão (GÊNESIS 2:18). Consequentemente, um relacionamento com uma mulher proporciona ao homem a oportunidade de exercer sua masculinidade mais plenamente. Inversamente, é no relacionamento com um homem que uma mulher experimenta uma união especial que libera sua feminilidade mais plenamente. Antes da criação da mulher, a masculinidade do homem era indefinida. Entretanto, ao relacionar-se com a mulher, o homem reagiu de modo a definir sua masculinidade.

Muitas coisas podem ser assimiladas ao observarmos esse primeiro relacionamento. Deus começa com um, de um faz dois, e, então, de dois faz um. O plano do Senhor para o casamento é a reunificação — unindo o homem e a mulher nos laços santos do casamento para celebrar sua unidade à semelhança de seu Criador.

O processo de fazer dois em um. Em Gênesis 2:24, Deus usa o primeiro casamento para delinear o processo tríplice para construir a unidade que permanece como o modelo ideal para todos os casamentos: "Por isso, deixa o homem pai e mãe e se une à sua mulher, tornando-se os dois uma só carne."

Para que um homem e uma mulher construam uma união de intimidade sem que haja rivais, é necessário haver separação, vínculos e celebração.

A *separação* descreve um processo de troca de lealdade que se tem pelos pais para uma nova lealdade para com seu cônjuge. O termo hebraico traduzido para a palavra "deixar" é tão incisivo que muitas vezes é traduzido como "abandonar" em algumas versões. O restante das Escrituras deixa claro que isso não significa que um casal deve abandonar seus contatos e comunicação com sua família. Entretanto, indica que é necessário que haja uma clara separação de prioridades, tradições e influência dos pais, se um casal se une para formar seu próprio lar.

Cabe ao homem conduzir o início de tal separação. Ele deve abandonar o relacionamento de pai e filho para que cultive o relacionamento entre marido e mulher. Por meio do afastamento de seus pais ele se torna livre para formar uma nova aliança com sua noiva. Essa mudança deliberada de lealdade essencial é necessária também por parte da noiva. Nunca deve haver lealdade a nenhuma outra pessoa, seja aos pais, aos filhos, amigos ou família que seja maior do que a lealdade ao cônjuge.

"Falhar na troca de lealdade dos pais para o cônjuge é uma questão central em quase todos os conflitos conjugais."[1] Todo casal deve formar seus próprios valores, tradições e prioridades que irão definir seu lar sem permitir a intrusão ou interferência dos pais.

Uma vez que a separação dos pais esteja iniciada, o casal pode começar a construir um novo vínculo juntos.

Os *vínculos* são o coração relacional do casamento. O termo traduzido por "unir-se" literalmente transmite a ideia de estar amarrado ou colado um ao outro. Esses laços emocionais, relacionais e espirituais tornam um casal inseparável. Jesus descreveu o divino poder dessa "cola" declarando que ninguém deveria tentar separar o que Deus havia unido pelo casamento (MATEUS 19:4-6).

Uma analogia que vem da marcenaria pode nos ajudar a compreender. Todo marceneiro concorda que o encaixe mais forte e mais bonito para fabricar gavetas é a junta "rabo de andorinha" (N.T.: Um tipo de junta encaixada nos dois lados da gaveta com cavilhas em formato triangular). Esse encaixe é também mais caro e leva mais tempo para ser produzido. Para isso, o marceneiro deve cortar duas peças com extremidade em "macho e fêmea" para que elas encaixem uma na outra. Uma vez que as peças estejam unidas e coladas, elas podem até vir a quebrar se colocadas sobre pressão, mas o encaixe permanecerá firme. Por causa do design de encaixe cruzado e da cola, a beleza e a força se reforçam mutuamente. Assim é o casamento.

Quando a corajosa força do coração de um homem está unida à terna beleza de uma mulher, a habilidade deles para refletir a força e a beleza de Deus, como Ele planejou, é potencializada. O relacionamento de dois corações que estão ligados pelo compromisso, pela comunicação e pela união de vida deve sempre anteceder a celebração da unidade por meio do relacionamento sexual.

A *Celebração* da unidade conjugal diz respeito à intimidade emocional e sexual. Ela vem logo após a separação e o vínculo. Um relacionamento sexual à parte dos vínculos é uma união imatura de prazer físico que se torna ínfima comparada àquela que Deus planejou. Quando um casal possui vínculos espirituais, o desejo mais natural é unir-se fisicamente. "Tornar-se uma só carne" é a terminologia bíblica para o intercurso sexual. Deus demonstra que os prazeres da intimidade sexual foram exclusivamente planejados para aqueles que primeiramente se comprometeram a trabalhar com afinco para construir a intimidade emocional, relacional e espiritual. Desde o início, o objetivo divino para o marido e a mulher foi a monogamia.

A observação de Deus de que "o homem e a mulher estavam nus e não se envergonhavam" (GÊNESIS 2:25) afirma a pureza da intimidade sexual no casamento.

O fato de estarem nus e não sentirem vergonha simboliza que essa transparência era natural. Atitudes egocêntricas contra Deus e contra o outro ainda não haviam corrompido o coração de Adão e Eva. Não havia absolutamente nada errado. Tudo era "muito bom" (1:31). Não havia inibição entre o casal. Um se entregava ao prazer do outro sem reservas e sem qualquer tentativa de exploração. A celebração de seu amor era completa.

Há uma estupefação que pode ser experimentada no ato da intimidade sexual entre marido e mulher comparável à experiência da adoração. Tal união íntima e vulnerável um com o outro, que igualmente carrega a imagem de Deus, pode inspirar o coração dos amantes a celebrar com estupefação e maravilhamento o quanto Deus é bom por compartilhar Sua glória com homens e mulheres.

O PROPÓSITO DA UNIDADE NO CASAMENTO.

A unidade é a alegre sensação de conexão que marido e mulher experimentam como resultado de sua exclusiva e inigualável devoção um ao outro. Tal unidade reflete a união desfrutada pela triunidade de Deus (JOÃO 17:20-24) e particulariza um exemplo do amor sacrificial e duradouro de Cristo por Sua Igreja (Romanos 8:35-39; Efésios 5:25-32). A unidade acentua a habilidade do casal de refletir a bondade de Deus enquanto eles vivem seu chamado de povoar a terra, governá-la e cuidar dela (GÊNESIS 1:28; 2:15).

A unidade é o senso de completude e complementação que o marido e a mulher experimentam na relação que geralmente é indescritível. É muito mais do que familiaridade ou previsibilidade. Há uma união de coração, alma, mente, corpo, vontade, direção, paixão e propósito. Eles anseiam compartilhar as experiências da vida. Conhecem um ao outro profundamente e ainda têm prazer na presença mútua, não apenas no desempenho do outro. Os casais que são "parceiros de alma" têm um alegre senso de interdependência que aumenta como resultado do companheirismo fiel numa ligação que dura a vida toda. Entretanto, para muitos casais a unidade não tem feito parte de sua experiência. O conflito e o caos têm substituído a união e a celebração. Em vez de serem aliados, eles agem como se fossem inimigos.

O que tem manchado tão profundamente a beleza do plano original de Deus para o casamento que, como a mesa de carvalho antes mencionada, está sendo descartado como indesejável?

O IMPACTO DA QUEDA: EM QUE O CASAMENTO SE TORNOU?

Compreender o plano original de Deus para o casamento nos ajudará a descobrir porque nós não experimentamos o tipo de intimidade, paixão e união que nosso Criador planejou. O fato de os casamentos estarem lutando com egocentrismo e alienação nos diz que algo está errado. De acordo com o livro de Gênesis, a origem de nossa luta partiu de um momento definido.

A tentação e a queda estão registradas em Gênesis 3:1-6. Satanás, o grande enganador, entrou no jardim disfarçado em uma bela e astuta criatura. Ele convenceu a mulher de que Deus estava arbitrariamente negando-lhes o direito de comer da árvore do conhecimento do bem e do mal (2:16,17). O enganador lançou dúvidas a respeito da bondade de Deus, sugerindo que o Criador não desejava que Adão e Eva se tornassem sábios como Ele. Após ter sido enganada, Eva comeu o fruto e "deu também ao marido, e ele comeu" (3:6).

Sem que houvesse nenhuma palavra de objeção registrada, Adão comeu o fruto. (A linguagem da narrativa parece indicar que Adão poderia estar presente quando Eva comeu o fruto, porém, não interferiu.) O que sabemos é que ele não foi enganado (1 TIMÓTEO 2:14). Adão preferiu o relacionamento com sua esposa em vez de obedecer ao seu Deus. E toda a humanidade e a criação, desde então, têm gemido debaixo das amargas consequências de sua escolha (ROMANOS 8:22,23).

As consequências da queda são encontradas em Gênesis 3:7,10:

Abriram-se, então, os olhos de ambos; e, percebendo que estavam nus, coseram folhas de figueira e fizeram cintas para si [...] Ele respondeu: Ouvi a tua voz no jardim, e, porque estava nu, tive medo, e me escondi.

Três das maiores consequências da queda no relacionamento conjugal são: vergonha, medo e desejo de esconder-se.

A vergonha produz medo. Adão e Eva imediatamente descobriram que algo dentro deles havia mudado. Embora não houvesse nenhuma mudança física, eles olharam para sua nudez de forma diferente e, pela primeira vez, sentiram vergonha.

Já não se sentiam confortáveis por estarem descobertos diante do outro. Eles se tornaram conscientes de sua nudez. Seu constrangimento não se deu por estarem vendo o corpo nu do outro pela primeira vez. Pelo contrário, era a maneira como eles olhavam um para o outro que havia mudado. Eles já não se viam com os olhos do amor puro e da devoção. O pecado os havia separado espiritualmente de Deus como sua fonte de vida. A partir daquele momento, eles viam um ao outro não apenas como alguém cujo amor e companhia eles ansiavam, mas também como uma ameaça ao seu bem-estar.

A alienação espiritual de Deus tem nos tornado um ameaça um para o outro. O fato de todos nós estarmos dolorosamente conscientes de que há em nós coisas imperfeitas e inaceitáveis, torna o relacionamento íntimo um grande risco de sermos expostos e consequentemente rejeitados.

Nada pode ser sentido tão profundamente senão na intimidade que o casamento requer. Com o tempo, as faltas e falhas se tornam notórias. É por isso que nós tememos a transparência — um com o outro e com Deus.

"O mundo não está aberto para intimidade, mas pelo contrário para a privacidade, e a maior parte dele abomina a dor, a honestidade e a humildade que caracterizam os relacionamentos humanos profundos."² A ameaça de expor nossa pecaminosidade geralmente nos compele a escondê-la.

O medo resulta no desejo de esconder-se. Depois de fazer a única coisa que Deus disse que não fizessem, Adão e Eva sentiram medo (GÊNESIS 2:10). Eles devem ter se lembrado de que Deus havia lhes dito que morreriam se comessem daquela árvore (v.17). Assim, por não pensarem claramente (o que geralmente acontece quando o pecado está governando nosso coração), eles se esconderam. Deveriam saber que, se Deus via e sabia todas as coisas, esconder-se seria inútil.

Quando eles se esconderam entre as árvores, Adão e Eva não conheciam a graça e o perdão de Deus. Eles sabiam somente que haviam transgredido a única regra que o Senhor lhes havia dado — e ficaram com medo das consequências.

Desde esse dia, o medo e o desejo de esconder-se têm marcado e perturbado todos os relacionamentos humanos. Agora, todos descobrimos por nós mesmos que "em um mundo caído, o contato humano experimentado mais profundamente é aquele que fere."³ Aprendemos, de muitas maneiras, que é perigoso baixar a guarda. O temor governa nossos relacionamentos e tentar esconder-se parece perfeitamente razoável.

Esconder-se se torna um estilo de vida quando a distância é preferida à aproximação, e quando o risco de se expor ameaça o senso de integridade. A despeito do fato de que fomos criados para refletir a semelhança de Deus em nossos relacionamentos, nós gastamos mais tempo protegendo nossos próprios interesses e autoimagem do que promovendo os interesses do Senhor e refletindo Sua imagem.

Assim como aprendemos a esconder nosso corpo e proteger-nos para evitar a desgraça, também aprendemos a esconder nosso coração (JEREMIAS 17:9). De fato, estamos tão acostumados a isso que geralmente nem nos conscientizamos de que estamos nos escondendo.

Contudo, às vezes sabemos exatamente o que estamos fazendo. E quando somos surpreendidos no ato de nos esconder, procuramos uma maneira de transferir a culpa para outros. Inúmeras vezes repetimos o modelo de nossos primeiros pais quando foram pegos em flagrante e tentaram livrar-se da culpa, lançando-a sobre outro. (GÊNESIS 3:12,13).

Desde a fatídica queda do primeiro casal nosso *modus operandi* se tornou a nossa autoproteção a todo custo. Ao mesmo tempo que dizemos que ansiamos por intimidade (e realmente ansiamos), o fato é que detestamos a dor que ela causa e evitamos a honestidade e humildade que ela requer. Sentimo-nos presos em uma armadilha. Desejamos estar perto, mas nos recusamos a pagar o preço da transparência que desejamos e sem a qual não poderemos viver. O casamento nos tortura com seu apelo para desfrutar da intimidade, mas receamos o elevado custo da exposição e da vulnerabilidade. Por causa da transparência singular que ele requer, provavelmente este é o relacionamento mais prazeroso e exigente de todos os relacionamentos humanos.

E como se isso não fosse suficiente, Deus impôs uma maldição sobre Adão e Eva. Isso não foi meramente para frustrar a humanidade, mas para revelar amorosamente que, em nosso estado decaído, os relacionamentos não terão sucesso, a menos que um humilde quebrantamento nos leve de volta a Deus, nossa única fonte de vida e esperança.

CONSEQUÊNCIAS ESPECÍFICAS PARA OS GÊNEROS

O intento aparente do Criador ao impor a maldição era condicionar o mundo de modo que os melhores esforços da humanidade para produzir vida e relacionamentos eficazes, sem confiar nele, fossem constantemente frustrados. Essa consequência não foi simplesmente punitiva. Ela foi planejada para conduzir o homem e a mulher de volta a Deus.

O impacto sobre a mulher (GÊNESIS 3:16).

A maldição sobre a mulher objetivou seus relacionamentos.

Relacionamento marcado pela dor. Deus disse à mulher: "Multiplicarei sobremodo os sofrimentos da tua gravidez." Com essas palavras Deus estava sinalizando que o fruto da intimidade com seu marido não produziria apenas alegria, mas também dor e sofrimento. Essa dor, contudo, não se limitaria ao parto. Olhando para trás podemos ver que todas as tentativas da mulher em nutrir a vida e cultivar a beleza por meio de relacionamentos amorosos têm sido repletas de sofrimentos. E o casamento é um de seus primeiros campos de batalha.

Conflitos são comuns no casamento. Deus alertou Eva: "...o teu desejo será para o teu marido, e ele te governará." O texto descreve as raízes da batalha entre os sexos. O "desejo" da mulher nesse contexto provavelmente implica no desejo de controle (compare a mesma palavra em Gênesis 4:7).[4] O "governo" do homem provavelmente se refere ao controle pela força. O casamento se tornou o que Deus nunca planejou que fosse — a luta pelo poder e controle, em vez de um relacionamento de complementaridade entre iguais.

A mulher geralmente luta para controlar o relacionamento com seu marido porque teme ser controlada por ele, caso ela não o faça. Embora Deus não tenha excluído a responsabilidade do homem de prover uma liderança de serviço, sacrificial e amorosa, o Senhor sabe que a tendência egocêntrica do homem será o uso indevido da força e a dominação de sua esposa para conseguir o que deseja. Esse abuso de poder masculino aumenta o desejo de controle por parte da mulher.

Isso intensifica a insegurança no coração dela. Uma esposa anseia pela segurança da força do amor de seu marido. Ela se sente mais segura quando ele toma a iniciativa de liderá-la ternamente. Porém, quando um homem viola seu chamado por abdicar de sua liderança ou abusar dela, a mulher se sente abandonada e não amada.

Entretanto, em vez de enfrentar sua vulnerabilidade e dolorosa decepção, a mulher tende a esconder sua feminilidade por meio do controle ou da concessão.

Frequentemente, a mulher se empenha para *controlar* o relacionamento com o objetivo de minimizar seus sentimentos de insegurança. Se tais sentimentos fizerem com que sua vulnerabilidade fique exposta, temem que seus sentimentos serão ignorados. Quando sua segurança é ameaçada, eles assumem o controle para administrar eficientemente seu mundo (tal como ser tão competente que ninguém jamais suspeitaria de seus temores), sendo tão agradável (de modo que aquele que negar seus pedidos se sentirá um tolo), ou confiando em seus atrativos físicos para garantir que elas não serão abandonadas. A mulher que costuma esconder seu sofrimento por meio da busca de controle raramente corre o risco de experimentar sua insegurança sem uma rede segura. Um plano bem pensado de contingência se torna essencial para sua sobrevivência porque "nenhum homem é verdadeiramente confiável".

Por outro lado, algumas mulheres têm sido tão dominadas e subjugadas por homens abusivos que elas escondem seu coração feminino por concessão. Elas podem ter lutado por controle anteriormente, mas após serem repetidamente oprimidas por um homem prepotente, elas já desistiram de qualquer sentimento seguro e estável em seu casamento. Concordam em viver em paz e evitar o conflito. Acabam por se contentar com um relacionamento vazio por mera sobrevivência — em vez de ter vida plena.

O impacto sobre o homem (GÊNESIS 3:17-19). A maldição sobre o homem se relaciona a sua adequação para criativamente administrar seu trabalho e iniciar a liderança sobre sua esposa.

O esforço do homem com o trabalho. Embora o trabalho produtivo sempre tenha feito parte do plano de Deus para o homem (GÊNESIS 1:28-30; 2:15), Deus disse a Adão que toda sua tentativa para sustentar a vida na terra agora envolveria uma "dolorosa fadiga" (3:17). A terra se tornaria mais inimiga do que amiga. O solo, que uma vez havia produzido abundantemente ao seu cuidado, passaria a fornecer "cardos e abrolhos", o que frustraria suas tentativas de prover sua própria subsistência (v.18). O trabalho, a partir de então, se tornaria árduo. A resistência se tornaria a regra. Para sobreviver haveria sangue, suor e lágrimas.

A luta do homem com a adequação. Os homens normalmente são assombrados pela questão se eles conseguirão ou não amar e liderar da maneira como Deus espera. Um medo crônico de inadequação é o legado constante da maldição de Deus sobre o homem. A maldição expõe sua luta para equilibrar tudo que essa vida arremessa sobre eles. "Cardos e abrolhos" produzem uma oposição hostil não apenas em seu trabalho, mas também em seus relacionamentos. Geralmente os esforços de um homem para lidar com seu casamento são especialmente frustrados quando ele está ameaçado pela vulnerabilidade de sua esposa (que ele não consegue corrigir) e sua demanda para obter controle (que ele não consegue mudar). A luta pela obtenção de controle, em um casamento com uma mulher que se sente vulnerável e desprotegida por um homem que se sente inadequado e injustamente criticado, é a fórmula para a frustração e o conflito que a maioria dos homens se esforça extremamente para evitar.

Porém, em vez de enfrentar sua inadequação e desapontamento por não se sentir à altura do que lhe é exigido, os homens tendem a esconder sua masculinidade por meio da fuga ou do abuso.

O homem que se sente fraco geralmente *evita* situações e relacionamentos (especialmente com mulheres assertivas) em que eles temem expor sua inaptidão para liderar. Quando ameaçados, tais homens tendem a buscar um escape em formas de diversão, negócios, vícios ou áreas em que se sintam competentes. Homens que costumam se esconder por meio da fuga, não se arriscam a falhar naquilo que é mais importante para eles. Tentam proteger sua imagem a qualquer custo.

Alguns homens se deixam levar pela ira e usam sua força para abusar e controlar fisicamente de uma mulher mais fraca. Eles dominam com ameaças físicas, língua ferina, controle do dinheiro ou com uma implacável humilhação e criticismo, que com o tempo rebaixam e desonram a esposa que Deus lhes deu.

Contudo, as ações do homem como fugir ou abusar da esposa ou conceder a ela o controle, não são soluções. É necessário tempo, amor e ternura para restaurar o que foi profundamente danificado. E esses ingredientes são exatamente o de que se necessita para que o casamento se torne o que Deus planejou que ele fosse — um contínuo trabalho de restauração.

A RESTAURAÇÃO DA UNIDADE: O PLANO DE DEUS PARA O CASAMENTO

Você se lembra da mesa de carvalho abandonada? Para que se tornasse útil novamente ela precisou ser lixada, polida, reforçada e terminada. Quando sua estrutura e beleza foram restauradas, ela ficou disponível para ser admirada e utilizada. O mesmo pode ser dito a respeito do casamento quando ele é restaurado. Tanto sua força quanto sua beleza devem ser restabelecidas. O autor de Provérbios nos diz: "Com a sabedoria edifica-se a casa, e com a inteligência ela se firma; pelo conhecimento se encherão as câmaras de toda sorte de bens, preciosos e deleitáveis" (PROVÉRBIOS 24:3,4).

É o desejo de Deus que um casamento encha o lar com "toda sorte de bens preciosos e deleitáveis". Mas esse tipo de relacionamento não acontece por acaso; ele deve ser construído. Para que um casal desfrute do tesouro da unidade eles devem se dedicar a adquirir e aplicar a sabedoria, o entendimento e o conhecimento sobre como eles planejam se relacionar um com o outro e como eles realmente farão isso.

Os maridos devem aprender o que significa cuidar e amar sacrificialmente suas esposas. As esposas devem aprender o que significa respeitar e amar profundamente seus maridos. O plano de Deus é restaurar a força do homem e a beleza da mulher por meio do processo de aperfeiçoamento do casamento (PROVÉRBIOS 27:17).

O CONTEXTO PARA A RESTAURAÇÃO: UNIDADE RESTAURADA
Quando nos casamos é fácil esquecer que o objetivo principal do casamento não é nossa própria realização pessoal. O objetivo é refletir o amor e a sabedoria de Deus. A realização é o alegre subproduto de compartilhar Sua bondade. O uso de outra analogia nos será útil.

Um relacionamento trançado. Aprendi recentemente a trançar os cabelos de minha filha. Descobri que, embora pareça que uma trança seja feita de duas partes, há uma terceira parte que mantém as outras duas unidas. É uma bela figura do casamento que agrada a Deus.

Um casamento maduro reflete a glória de Deus quando os cônjuges efetivamente convidam Cristo para trançar suas histórias de amor individuais com a grande história de amor da redenção. O foco sai de *mim* para *nós*, reconhecendo a história de Deus entrelaçada com a nossa. A trança da força do homem e da beleza da mulher com a vontade de Deus resulta em um relacionamento que é forte, mais belo e que glorificará mais a Deus do que eles agradariam se estivessem sozinhos.

O autor de Eclesiastes 4:9-12 anuncia as virtudes da parceria conjugal e revela as consequências da solidão. O resumo de uma parceria saudável é este: "O cordão de três dobras não se rompe com facilidade" (v.12 NVI). Um homem e uma mulher amorosos em união com o Deus vivo fortalecem o casamento, revelando belos e raros tesouros.

A mente de Cristo. Muitos expressam preocupação sobre o muito ou o pouco que é levado em consideração a respeito do ensino de Paulo sobre submissão mútua (EFÉSIOS 5:21) no contexto do casamento. O que está claro, entretanto, é que o tipo de submissão mútua que o marido ou a esposa deve a qualquer outro irmão ou irmã em Cristo também se aplica ao relacionamento conjugal. As palavras do apóstolo Paulo em Filipenses 2:3,4 definem a essência de qualquer relacionamento semelhante ao de Cristo.

"Nada façais por partidarismo ou vanglória, mas por humildade, considerando cada um os outros superiores a si mesmo. Não tenha cada um em vista o que é propriamente seu, senão também cada qual o que é dos outros."

Quando o amor semelhante ao de Cristo permeia o casamento, tanto o marido quanto a mulher honram e se preocupam um com o outro. Cada cônjuge investe pessoalmente no relacionamento e se sacrifica pelos maiores interesses do outro, em vez de buscar os seus próprios. Isso torna prazerosa a singularidade da diferença entre os sexos. "Nós temos uma escolha: Ou podemos nos deliciar na diversidade ou destruir as diferenças."[5]

O chamado da esposa. Uma esposa é chamada por Deus para demonstrar, à semelhança de Cristo, amor por seu marido pela forma saudável que ela o respeita e se submete a ele.

O chamado da esposa é para respeitar seu marido (EFÉSIOS 5:33). A esposa pode respeitar seu marido quando ela sabe que Deus deu a ele um papel a desempenhar e uma responsabilidade sobre os quais ele terá que prestar contas. Ela o respeita como uma expressão de seu desejo de honrar ao Senhor. Dá importância ao chamado de seu marido de protegê-la e suprir suas necessidades "assim como Cristo amou a igreja" (v.25). Ela não deixa de levar a sério a incumbência que Deus deu a ele.

Porém, é importante compreender que, se uma esposa, de fato, honra seu marido, ela o ajudará a manter-se fiel ao seu compromisso. Ao mesmo tempo em que ela se entrega a Deus, ela oferece a seu marido uma beleza interior que o capacita a desfrutar da oportunidade de nutrir e apreciá-la (EFÉSIOS 5:29; 1 PEDRO 3:4-6).

O chamado da esposa para submeter-se a seu marido encontra-se em Efésios 5:22: "As mulheres sejam submissas ao seu próprio marido, como ao Senhor." Esta submissão não significa satisfazer os interesses egocêntricos de seu esposo, pelo contrário, significa ajudá-lo a ser o tipo de homem e marido que Deus pretende que ele seja.

Muitos homens e mulheres, infelizmente, têm uma ideia deturpada de submissão. Alguns a veem como o direito que o marido tem de "dar as cartas" e ordenar que a mulher faça qualquer coisa que ele queira. Muitos casamentos abusivos são construídos sobre essa visão demoníaca de submissão. Isso mata a alma e o coração de ambos os parceiros e geralmente leva à violência. Nada poderia ser mais distante daquilo que Deus tem em mente. Uma mulher nunca é chamada para aguentar o abuso a pretexto da submissão. Porém, quando a mulher pratica seu chamado de respeitar seu marido, ela o torna responsável por qualquer abuso praticado no uso de sua autoridade dada por Deus.

O termo *submissão* no contexto do casamento significa literalmente que voluntariamente a esposa alinha-se sob a proteção amorosa e a provisão que Deus estabeleceu como função do marido. Tal submissão se relaciona ao chamado original da mulher de ser uma "auxiliadora idônea" para seu esposo. Há algo a respeito da mulher ter sido chamada para completar o que estava faltando no homem que reflete no chamado de Deus para o tipo singular de submissão no casamento. De modo algum a submissão diminui o valor da mulher, a igualdade espiritual ou o lugar de honra no relacionamento.

No jardim do Éden a submissão era algo seguro. A partir da queda, contudo, a submissão intencional a um homem pecador tornou-se um ato de vulnerabilidade para uma mulher. Isso vai diretamente contra a sua maldição (GÊNESIS 3:16). Em vez de fazer o que sua autoproteção impõe — esforçar-se para controlar seu marido para não experimentar a dor da falha de seu amor — ela coloca sua esperança e segurança em Deus (1 PEDRO 3:5), não em seu marido, lembrando que um propósito de sua submissão é "para que a palavra de Deus não seja difamada" (TITO 2:5).

O chamado do marido. Antes de nosso filho namorar pela primeira vez, nós conversamos sobre sua responsabilidade para com a garota com que ele se comprometeria. A palavra que eu frisei para ele foi honra. Se ele honrasse aquele namoro, daria a ela razão para se sentir segura e protegida por sua força, e ele se tornaria mais forte por causa da confiança dela nele.

Sendo que tal honra é fundamental para o relacionamento entre o homem e a mulher, Deus exige mais do marido. De acordo com a carta de Efésios no Novo Testamento, a responsabilidade e o papel específico do marido é amar a esposa da maneira como

Cristo ama a Sua Igreja. Assim como Ele submeteu sua própria vontade a Deus — para cuidar dela e protegê-la.

O amor à semelhança de Cristo (EFÉSIOS 5:25). Paulo disse aos maridos "amai vossa mulher, como também Cristo amou a igreja e a si mesmo se entregou por ela". Por meio dessa declaração clara e direta, nós aprendemos mais daquilo que Jesus ensinou sobre liderança. O Senhor que morreu sacrificialmente pela Igreja deu a Seus discípulos um modelo significativo de liderança quando disse: "Os reis dos povos dominam sobre eles, e os que exercem autoridade são chamados benfeitores. Mas vós não sois assim; pelo contrário, o maior entre vós seja como o menor; e aquele que dirige seja como o que serve" (LUCAS 22:25,26).

Quando este princípio de liderança-serva é aplicado ao relacionamento conjugal ele nos ajuda a ver que os maridos não são chamados para governar suas esposas, mas para conduzi-las pelo caminho do amor. E como Cristo amou a Igreja? Ele pacientemente cuidou dela — até ao ponto de dar Sua vida por ela.

Um homem é chamado para fazer uso de sua força com o propósito de prover um relacionamento seguro em que a mulher não tenha que enfrentar o medo do abuso ou do desamparo. Quando o marido dá à sua esposa razão para se sentir segura e profundamente amada, sua beleza será evidenciada. Ela se sentirá mais confiante e eles se sentirão mais íntimos.

Amor nutrido e apreciado (EFÉSIOS 5:28,29). É natural que o homem ame a si mesmo. Ninguém precisa ensiná-lo a fazer isto. Porém, amar a esposa como ele ama a si mesmo é algo incomum para a maioria dos maridos.

Toda mulher deseja ser nutrida e apreciada por seu marido. Nutrir significa que ele vai fornecer tudo de que ela precisa para desenvolver-se como mulher. Ele quer que ela cresça forte, assim ele a alimenta na sua fome de comunicação, atenção, tempo e carinho. O marido deve tomar a iniciativa de promover um ambiente espiritual e relacional que constantemente encoraje sua esposa a praticar "atos de amor e boas obras" (HEBREUS 10:24) enquanto ela vivencia seu chamado para refletir a beleza e a ternura nos relacionamentos.

Apreciar significa que o marido deve tratar a esposa de maneira que ela se sinta altamente valorizada e profundamente amada. Ações e palavras que levem em consideração seus maiores interesses e desejos fazem uma mulher sentir-se apreciada. Saber que ela não está apenas sendo escutada, mas também ouvida, comunica que ela é muito importante na vida do marido. Seus comentários apreciativos não a louvam apenas em particular, mas também a honram em público. Ao tomar a inciativa de direcioná-la corajosamente em sua beleza feminina, o homem faz a mulher sentir o gosto do casamento como era da primeira vez.

O SABOR DO ÉDEN E DO CÉU

Em um casamento saudável a unidade é expressa na intimidade emocional, espiritual e sexual de um modo que permita ao casal sentir o gostinho do que Adão e Eva desfrutaram antes da queda. As contas para pagar, os filhos, as lutas e todas as outras coisas da vida parecem não importar tanto quando o casal se afasta do mundo e mantém sua atenção focada em celebrar sua íntima relação de amor. A fragrância do céu está no ar.

Um casamento em que ambos os parceiros estão estimulando um ao outro ao amor e às boas obras é um relacionamento ardente, convidativo e um testemunho da existência de Deus no mundo. Não somente permite ao casal provar o gosto do jardim do Éden, como também oferece um vislumbre do céu àqueles que veem a vida e o amor de Deus estampado neles.

Contudo, primeiramente devemos nos certificar de termos um relacionamento com o Senhor. Nada pode ser mais destrutivo no casamento do que os parceiros tentarem encontrar um no outro o amor, o perdão e a satisfação que só podem ser encontrados em Deus.

O amor cuidadoso de Deus liberta o homem e a mulher para se tornarem verdadeiramente um em Cristo. E é nesse tipo de amor conjugal que ambos, homem e mulher, podem mais plenamente refletir Sua imagem juntos, em vez de separados. A plena satisfação no casamento resulta do senso de completude com a companhia do outro, que se torna seu amigo (a) mais íntimo (a) e aliado (a) para preencher o mútuo chamado e glorificar a Deus juntos. Esse é o plano de Deus para o casamento.

NOTAS:

1. Allender, Dan e Longman, Tremper — *Aliados Íntimos*, ed. Mundo Cristão, São Paulo, 2007.
2. Mason, Mike — *O Mistério do Casamento*, ed. Mundo Cristão, São Paulo, 2005.
3. Crabb, Larry — *Homem e mulher – Viva a diferença!*, ed. Betânia, Minas Gerais, 1997.
4. Foh, Susan — *Women and The Word Of God*, Presbyterian and Reformed Publishing Company, 1979, pp.68-69;
5. Allender, Dan e Longman, Tremper — *Aliados Íntimos*, ed. Mundo Cristão, São Paulo, 2007.

CONCLUSÃO

SEJA ENTRE AMIGOS OU COLEGAS DE TRABALHO, irmãos, marido e esposa, os relacionamentos têm papel significativo em nossa vida; e as Escrituras têm muito a dizer sobre eles. No ensino e nas histórias da Bíblia, encontramos o que significa amar e como podemos nos relacionar de forma a revelar Cristo àqueles que fazem parte de nossa vida e ao mundo que nos cerca.

A Bíblia nos convida a praticar o amor em todos os nossos relacionamentos. Contudo, o amor é mais que emoções, pois elas vêm e vão. Algumas vezes são fortes e inegáveis, outras mais calmas brandas e incertas. O amor de verdade, aquele que Cristo demonstrou e que somos chamados a apresentar em nossa vida, é uma escolha que conduz à ação.

O casamento, como todos os outros relacionamentos, requer esforço. O "aceito" e a caminhada em direção ao pôr do sol que encerra os contos de fadas infantis, na verdade, é só o começo de uma aventura. A realidade é que o "felizes para sempre" demanda esforço — muito esforço.

Todos mergulham no relacionamento conjugal com muitas expectativas — felicidade, segurança, intimidade e cuidado mútuo. Esperamos que as páginas deste livro tenham lhe fornecido algumas ferramentas para construir um casamento sólido ou solidificar ainda mais o seu. Com ferramentas como a confiança em Deus, o caráter, a sabedoria e perspectivas corretas, você poderá ter um casamento que honre ao Senhor e que o ajude a crescer e demonstrar o amor verdadeiro.